留学生本科必修课系列教材

第二版

汉语纵横

Jump High
A Systematic Chinese Course

写作课本（上）

Writing
TEXTBOOK I

亓华 贾丹丹 编著

北京语言大学出版社
BEIJING LANGUAGE AND CULTURE
UNIVERSITY PRESS

图书在版编目（CIP）数据

写作课本.上/亓华，贾丹丹编著.—北京：北京语言大学出版社，2013.1（2023.1重印）
（汉语·纵横/马燕华主编）
留学生本科必修课系列教材
ISBN 978-7-5619-3456-2

Ⅰ.①写… Ⅱ.①亓… ②贾… Ⅲ.①汉语—写作—对外汉语教学—教材 Ⅳ.①H195.4

中国版本图书馆 CIP 数据核字（2013）第 019265 号

书　　名：	汉语·纵横　写作课本.上 HANYU ZONGHENG XIEZUO KEBEN SHANG
责任印制：	邝　天

出版发行：	北京语言大学出版社
社　　址：	北京市海淀区学院路 15 号　　邮政编码：100083
网　　址：	www.blcup.com
电　　话：	发行部　010-82303650 / 3591 / 3651 编辑部　010-82303647 / 3592 / 3395 读者服务部　010-82303653 网上订购电话　010-82303908 客户服务信箱　service@blcup.com
印　　刷：	北京富资园科技发展有限公司
经　　销：	全国新华书店

版　　次：	2013 年 1 月第 1 版　2023 年 1 月第 6 次印刷
开　　本：	889 毫米×1194 毫米　1/16　印张：11.75
字　　数：	255 千字
书　　号：	ISBN 978-7-5619-3456-2 / H·13007A
定　　价：	79.00 元

凡有印装质量问题，本社负责调换。售后QQ号1367565611，电话010-82303590

第二版前言

《汉语·纵横》是《外国学生汉语言专业本科系列教材》(中国社会科学出版社,2004年)的修订版,包括汉语精读、汉语会话、汉语听力/视听说、汉语写作、外汉翻译五大纵向技能,从预科到三年级下册七大横向层次,纵横匹配的留学生本科必修课系列教材,共计38册。

此次修订,主要体现在以下几方面。

一 补齐初版空缺的部分教材

目前国内设置的留学生本科学制一般为四年。四年级大多开设专业课、撰写毕业论文,汉语技能训练课一般安排在从预科到三年级下学期共计7个学期内学习。此次修订我们补齐了三年级下册的精读课本、三年级上下册的会话课本、汉语写作(上、下)以及英汉、日汉、韩汉翻译教程。这样本套教材在横向的七个层次、纵向的听说读写译五大技能的匹配上更为完善。

二 课本与练习各自独立成册

本系列教材练习题型多样,题量丰富,此次修订仍保留了这一特点。为便于学习和使用,将课本与相应练习各自独立成册。

三 词语表增加了词语在《汉语国际教育用音节汉字词汇等级划分》中所属等级

初版教材每册课本"词语总表"标注了每个词语在《高等学校外国留学生汉语言专业教学大纲》、《汉语水平词汇与汉字等级大纲》中所属等级,此次修订增加了词语在2010年10月颁布的《汉语国际教育用音节汉字词汇等级划分》中所属等级,方便使用者参考。

四 预科和一年级上册课本增加了英语注释

国内对外汉语教学模式一般都将汉语基础语法项目和语言点安排在初级阶段学习,而此时正是学习者汉语水平最低阶段,讲解语法点和语言点会遇到一些专业术语,将增加学习负担。此次修订,我们采纳了使用者的意见,增加了预科、一年级上册两个等级各类教材的英语注释。

五 每册课本前增加了"使用说明"

每册课本前增加的"使用说明"详细说明了本册课本的适用对象、课时安排、讲解重点以及注意事项。

六 版式设计更精美

北京语言大学出版社以出版对外汉语教材而享誉全球,此次修订在版式设计上更美观,图片精美,排版疏朗大方,更适合学习使用。

初版教材自出版以来受到广大使用者的普遍好评，2008年获得北京师范大学本科教育优秀奖。现在《汉语·纵横》出版在即，我们全体编写者衷心感谢几年来教材使用者向我们提供的宝贵修改意见；衷心感谢北京师范大学汉语文化学院对本教材修订给予的支持和资助；衷心感谢北京语言大学出版社为编辑、出版第二版付出的大量认真辛苦的工作。

原编写委员会主任之一陈绂教授已退休多年，此次修订出版工作由马燕华全面负责。在此，本人衷心感谢全体编写人员对我的充分信任和大力支持。

《汉语·纵横》编写委员会主任　马燕华
2011年8月

使用说明

一 适用对象

本教材适用于具有初中级汉语水平的外国留学生,具体指在正规大学汉语教学环境中密集、系统地学习了一年汉语的汉语言本科专业二年级的外国留学生。学习汉语时间约1500学时,掌握词汇1500个,汉语水平相当于 HSK3–6 级。

二 课时安排

按每周 2-4 学时计,本册教材可用于一年级下和二年级上,或用于二年级一学年,总学时不低于 76 课时。

三 教师教学建议

建议采用交际互动式教学法和任务教学法,贯彻"以教师为主导,以学生为主体"的原则。课堂教学设计了六大环节:

1. 热身互动练习

每课开始一般设计和安排一项课堂师生互动交流活动,通常由师生共同讨论完成一篇随堂写作或中介语篇修改任务,有时也请留学生朗读作文,教师进行作文讲评。

2. 写作技巧方法和要求

本教材作为外国留学生汉语言专业本科系列教材之一,有着明确的写作训练任务目标,重点讲练应用文、记叙文、游记、说明文、读后感、议论文的写作方法及文体、语体书面表达特点,并结合学习者中介语篇中的常见问题,提出写作注意事项和具体要求,使留学生得到系统正规的写作方法和表达技能训练。除了这条主线外,本教材还穿插了一条"应用文写作"的副线,内容包含短信、贺卡、留言条、启事、海报、租赁广告等涉及日常交际生活的方方面面的应用文体,以帮助留学生解决应用写作的实际需求。

3. 范文阅读

范文阅读的目的是提供某类文体的典型语篇样例,以利于留学生模仿学习。由于语言表达和思维能力的反差与制约,我们把每种文体的写作范文逐步由中小学生优秀作文替换成了修改过的留学生的作文,体现了对外汉语写作教学所应遵循的"以留学生为主体、在模仿修改中学会写作"的教学原则。

4. 作文医生

"作文医生"在每一课中有针对性地穿插解决写作训练中常见的句式、语段、篇章偏误问题,便于提醒和纠正学生的中介语现象。本教材在重视修改句法偏误的同时,也侧重语段训练和中介语篇的修改。作文修改不仅满足于语句的通顺连贯,还要符合汉语书面表达的韵律节奏和文体修辞表达的需要。

5. 写作任务

要求学生每周写一篇作文，严格按写作格式、文体和字数要求写作，一学期不少于10-12篇。建议学生把老师修改过的作文打成电子稿，然后加上目录、照片或图片，编辑成写作手册，在课程结束时进行成果交流，谈谈自己的写作体会。

6. 作文讲评

俗话说：文章不厌百回改，好文章无疑是改出来的。在教学中应采用以改带学、改后重写的做法。每次课开始要对上周的作文进行讲评，对留学生的作文构思及书面表达等微小的进步都及时加以表扬，鼓励多读多写。

四 留学生学习建议

建议采取互动参与式学习方法，每节课前预习课文生词，积极参与课堂教学互动，课下按时完成作文，课上主动宣读作文，与老师一道认真修改中介语句及中介语篇。本教材的练习及测试环节设置如下：

1. 课后练习

主要设计了七类题型，它们是：填写标点符号、辨字组词、改错别字、修改病句、成语填空、熟语练习和语段练习，供同学们练习巩固所学知识。

2. 写作任务

按照练习册的任务要求，每周写一篇作文，作文题目大都有一定的选择范围，同学们可选定自己熟悉的题目。

3. 作文讲评

这是一个非常有效的学习环节，希望留学生们通过教师的讲评，发现自己作文的特色和不足，将每一次作文中的得与失都清楚地记录下来，这样才能逐步提高自己的写作水平。

4. 复习测试

为便于本科教学的使用，本书设计了期中及期末两次单元复习和两套测试卷，以利于学生们充分复习，有备而试。测试题一般分五到六类，不仅可以系统全面地考核本学期所学知识内容，也能测试出学生的写作速度、篇幅长短和文字表达水平。

本教材在编写、试用过程中，得到了北京师范大学汉语文化学院领导、教师、工作人员的大力支持，也得到了自2007年以来历届在北京师范大学汉语文化学院学习写作的本科生和进修生们的积极参与和热忱支援，在此一并表示感谢。

编者 亓华
2013 年 1 月

词类简称表
Abbreviations of parts of speech

缩写 Abbreviations	英文全称 Parts of speech in English	词类名称及简称 Parts of speech and abbreviations in Chinese	拼音 Parts of speech in *pinyin*
Adj	Adjective	形容词（形）	xíngróngcí
Adv	Adverb	副词（副）	fùcí
AsPt	Aspect Particle	动态助词	dòngtài zhùcí
Conj	Conjunction	连词（连）	liáncí
Int	Interjection	叹词（叹）	tàncí
M	Measure Word	量词（量）	liàngcí
MdPt	Modal Particle	语气助词	yǔqì zhùcí
N	Noun	名词（名）	míngcí
Nu	Numeral	数词（数）	shùcí
Ono	Onomatopoeia	拟声词（拟声）	nǐshēngcí
OpV	Optative Verb	能愿动词（能愿）	néngyuàn dòngcí
PN	Proper Noun	专有名词（专名）	zhuānyǒu míngcí
Pr	Pronoun	代词（代）	dàicí
Pref	Prefix	词头（头）	cítóu
Prep	Preposition	介词（介）	jiècí
Pt	Particle	助词（助）	zhùcí
Q	Quantifier	数量词（数量）	shùliàngcí
StPt	Structural Particle	结构助词	jiégòu zhùcí
Suf	Suffix	词尾（尾）	cíwěi
V	Verb	动词（动）	dòngcí
V//O	Verb-Object Compound	离合词（离）	líhécí

目录 Contents

页码	题目	教学重点
1	1 自我介绍（1）	1. 学习几种自我介绍的写法 2. 学习正确使用标点符号 3. 熟悉修改作文的符号
13	2 贺卡·便条·短信	1. 学习贺卡的写法及常用祝颂语 2. 学习便条和短信的写法 3. 了解能愿动词的使用
21	3 书信和电子邮件	1. 学习书信和电子邮件的写法 2. 学习书面语中的长句式 3. 常见连词使用问题
33	4 故事和看图作文	1. 学习故事和看图作文的写法 2. 了解汉语零形回指的句法规则 3. 常见语篇衔接问题
46	5 留学日记	1. 学习日记的写法 2. 了解博客和微博的写法 3. 汉语时间连接词语的使用
56	6 游记见闻	1. 学习游记的写作技巧 2. 了解汉语补语的动态表达功能 3. 学习助词"了$_1$"与"了$_2$"的使用规则
69	7 景物和地点描写	1. 学习景物和地点描写技巧 2. 了解词语的理性义和感性义 3. 汉语词语的使用问题
80	8 写事记叙文	1. 学习写事记叙文的写法 2. 了解汉语书面语体的特点 3. 常见句际连接手段的问题
91	9 写人记叙文	1. 学习人物描写的技巧 2. 学习如何写好文章的开头 3. 认识汉语的歧义句

页码	题目	教学重点
103	10 校园小广告	1. 学习通知和海报的写法 2. 学习校园常见启事和广告的写法 3. 介词"在"的偏误分析
111	11 说明文（1）	1. 学习制作过程性说明文的写法 2. 学习如何写好文章的结尾 3. 了解"把"字句的使用问题
121	12 读（观）后感	1. 学习读（观）后感的写法 2. 同义词辨析 3. 汉语的语序规则与常见问题
132	13 感想式议论文	1. 学习感想式议论文的写法 2. 了解修辞知识：引用 3. 汉语动宾式离合词的使用问题
142	14 话题式议论文	1. 学习话题式议论文的写法 2. 了解修辞知识：比喻 3. 学习如何写好文章的过渡
152	15 小品相声	1. 学习小品的写法 2. 学习相声的写法 3. 学习三句半的写法

自我介绍(1)

一、热身互动练习

1 任课教师的自我介绍

教师用PPT展示生活和工作照片进行自我介绍,给学生写《自我介绍》作个开篇示范。

2 中介语篇修改

为了让学生写出合格的《自我介绍》,先领大家修改两篇中介语篇。

自我介绍(一)

我的名字叫金××。
我是韩国人。我今年22岁。
我的头发染上黄色。身材矮小。
我的性格刚强,开朗。
我喜欢去买东西。中国的商品很便宜,所以经常去买东西。
我来北京以后,自己做饭,所以也喜欢做菜。
我喜欢交中国朋友,一起聊天,一起玩儿。

提示 这篇作文没有段落,只是一个一个散落的句子。要想成为一篇完整的文章,必须把一个个句子连贯起来,形成段落,写作格式和标点也要正确。

自我介绍(二)

我叫王美子。我是从韩国来的。我十八岁。我在汉城出生的。我的家有三口人。我的妈妈、爸爸和我。现在妈妈不工作。现在爸爸在中国大使馆工作。十一月妈妈和爸爸去杭州。现在我是北京语言大学的学生。我学汉语学过一年了。我还学习汉语三年。

> **提示**
> 这篇作文虽有段落，但句与句之间都用句号，缺乏连贯性。在语法和表达上也有问题，请仔细修改，争取自己写作时不再出现这些失误。

二、自我介绍的几种写法

自我介绍可以有不同的方式：按照使用的语言来划分，可以分为口头的、书面的。从书面的自我介绍来看，可以有自传性质的自我介绍，像《鲁迅自传》；也可以有以事件为中心，突出个性特点的自我介绍。

我们这里要学习的是介于口语和书面语之间的、用于初次见面时的较有个性特点的自我介绍。这类自我介绍最忌平淡无奇，重在把个人的风格和特点展示出来，给人留下深刻的印象。因此，切忌写成简历形式，最好能略带文采。

三、范文阅读

1. 这就是我

【韩国】崔秀亨

我的名字叫崔秀亨，其实大家对我应该比较了解，一个聪明、开朗的大男孩。

我从小就比较喜欢照镜子，因为爸爸、妈妈和他们的朋友都说我长得很帅。于是，我就想从镜子里面知道，他们为什么说我长得帅，他们为什么喜欢我。镜子里的我让我感到很亲切：乌黑的头发，浓浓的眉毛，大大的眼睛，黑色的眼球——一张纯正的亚洲人的面孔。许多中国朋友都说我长得像一位中国的电影明星，据说这个明星的电影很受大家欢迎，这让我很高兴。看样子，大家喜欢我是有原因的。我今年已经23岁了，可是总觉得自己长得不像别人那么成熟，总觉得自己也不想长大，不想渐渐地变老。年轻多好啊！可以没有那么多的烦恼，可以整天和朋友们、同学们一起玩，一起学习。

我的性格比较开朗，喜欢交朋友。在留学期间，我也认识了几位中国朋友。他们对我都很好，在生活上、学习上都给了我很大的帮助，这让我非常感动。

我的业余爱好也非常多。我喜欢读书，喜欢看球、看电影，最喜欢的是打**羽毛球**。我认为羽毛球是一项非常好的体育运动，我从很小的时候就学会了，直到现在还喜欢它，它给我带来了许多**乐趣**，又让我锻炼了身体。通过打羽毛球，我也认识了几位好朋友。其实，小时候很希望自己长大后能成为一个世界闻名的羽毛球明星，可后来因为一些原因，我只能把它当成我的业余爱好了。

这就是我，一个聪明、外向、爱好广泛的我。我喜欢我的个性，也希望大家喜欢我。

（亓华修改自北师大201年级留学生作文）

词语表 Vocabulary

1.	开朗	【形】	kāilǎng	sanguine, cheerful	人性格豁达，乐观。如：热情～、活泼～。
2.	镜子	【名】	jìngzi	mirror	用来映照形象的器具。如：照～。
3.	帅	【形】	shuài	handsome	漂亮，英俊。如：长得真～、～哥。
4.	乌黑	【形】	wūhēi	jet-black	深黑。如：～的头发。
5.	眉毛	【名】	méimao	eyebrow	人体面部位于眼睛上方的毛发。如：弯弯的～。
6.	眼球	【名】	yǎnqiú	eyeball	视觉器官的主要部分。如：黄色的～。
7.	烦恼	【形】	fánnǎo	worried, vexed	指令人不顺心或不畅快的人或事。如：青春的～、没有～、令人～。
8.	羽毛球	【名】	yǔmáoqiú	badminton	一种两人或四人的球场运动。如：～赛、～队。
9.	乐趣	【名】	lèqù	delight, joy	使人感到快乐的情趣。如：生活～、工作的～。

2. 我是谁

【美国】李洁蓓

我的名字叫李洁蓓，是美国加州大学的学生。虽然我生在美国、长在美国，但我却不是一个"典型"的美国人。因为我没有金色的头发和海水一样碧蓝的眼睛，许多中国人都不觉得我是美国人，而且我的父母都是中国人。但很多人却不把我当作中国人，我觉得很奇怪。

我有着中国人的血统和美国人的生活方式，是一个矛盾的统一体。因此，我在性格上也就和一般的美国人或者中国人不同。我不是非常向往轰轰烈烈的生活，我希望过一种平凡而充实的生活，做我自己想做的事情。

现在我正在北京师范大学学习汉语，还有一年就要毕业了。毕业后我还要继续学习——考研究生，学习经济，并进一步了解中国的经济。我还想到中国的一些省份去进行考察，深入了解中国改革开放以来的发展，进一步研究"计划经济"向"市场经济"的转型，以及人们在经济收入上的差异。

除了对中国的经济感兴趣外，我还有许多其他的爱好。比如说，我一有空就会跳进游泳池游上一两个小时，或者约上朋友去打一场网球。此外，我还有一种女孩子特有的兴趣和本领——织毛衣。我时常会织一些东西送给我的朋友们，很多人都羡慕我有这么一手。

这就是我，一个兴趣广泛、比较特别的美国的中国女孩。

（亓华修改自北师大201年级留学生作文）

教师点评

李洁蓓有着双重身份，用她自己的话说是"比较特别的美国的中国女孩"。不过，在她身上却见不到文化的冲突，中美两种文化身份被完美地结合在了一起。她有着中国女孩的善良、文雅和心灵手巧，也有着美国女孩的鲜明个性和独立自主。更为可贵的是，她从不讳言自己是个中国人，也不会因别人把她当成中国人而生气。在上文中，她首先表明自己不是"典型的美国人"，而承认自己是中国人，坦诚中透着些许自豪，令全班同学既吃惊又佩服。

词语表 Vocabulary

1.	典型	【名、形】	diǎnxíng	typical case or example; typical	具有代表性的人或事。如：~问题、很~。
2.	碧蓝	【形】	bìlán	blue, bluish green	深而澄的蓝色，青蓝色。如：~的天空、~的眼睛。
3.	血统	【名】	xuètǒng	blood relationship, blood lineage	由血缘形成的亲属系统。如：中国~。
4.	轰轰烈烈	【形】	hōnghōng lièliè	on a grand and spectacular scale, vigorous	形容声势浩大，气魄宏伟。如：~的生活。
5.	平凡	【形】	píngfán	ordinary	平常，不稀奇。如：~人、~的工作。
6.	考察	【动】	kǎochá	to investigate on the spot	实地调查或细致深刻地观察。如：出国~。
7.	转型	【动】	zhuǎnxíng	to transform, (of the form, mode, idea, etc.) to change	指事物的结构形态、运转模型或人们观念的根本性转变过程。如：工作~、社会~。
8.	羡慕	【动】	xiànmù	to admire, to envy	因喜爱别人有某种长处、好处或优越条件等而希望自己也有。如：非常~、~别人。

3. 和她交朋友吧

【越南】陈天秀

上课的第一天，同学们都早来了几分钟在教室里聊天，突然发现门外有一个小姑娘站在那儿东张西望了半天才走进教室。大家开始议论："她是不是走错教室了？""对呀！好像是高中学生吧！怎么能跑到这里来呢？"其实大家都误会了，她的确是一个大学二年级的学生，从今天开始就是大家的同班同学。

小姑娘姓陈名叫天秀，来自越南，今年已经二十岁了。"天秀"在越南语中有星星的意思，她父母因她出生时比其他孩子格外娇小，所以把她看成是家里的小星星，只可惜小星星二十岁了依然是十几岁女孩的长相。

　　她虽然身材矮小却非常喜欢运动，跑步啊、足球啊、踢毽子啊、游泳啊，都是她的爱好。从小学一年级到现在，她一直是班里跑步跑得最快的女生。课间休息时从没见过她在教室里，老是跟男同学一起踢足球、踢毽子。除了运动以外，天秀还特别热爱话剧和电影，她也擅长表演。高中时，她曾经跟同学们参加过"校园话剧比赛"，担任编剧兼导演和演员，以《西游记》选篇《真假孙悟空》得了比赛一等奖。无论在学校还是在家中，她总是显得非常活跃，甚至有些调皮，也许正因为如此，大家都很容易记住这个身材矮小、乌黑头发、脸上挂着灿烂的笑容、整天蹦蹦跳跳的陈天秀。

　　今年，学习汉语已将近九年的她满怀信心地来到北京师范大学，希望在这里能够学到更多关于汉语与中国文化的知识，认识更多外国朋友，将来成为一名汉语老师，和朋友们一起共建中越友谊桥梁。

　　老师同学们！来到了北师大，小陈真心希望能够把学校当成自己的家，把老师和同学们看成自己的亲人，一起努力学习，天天向上。大家愿意和她交朋友吗？

（亓华修改自北师大201年级本科生作文）

词语表 Vocabulary

1.	东张西望		dōng zhāng xī wàng	to look around, to gaze around	向四处张望。形容这里那里地到处看。如：他~的，像是在找人。
2.	毽子	【名】| jiànzi	shuttlecock (for kicking), featherball	一种用鸡毛插在圆形的底座上做成的游戏器具。如：踢~可以锻炼身体。
3.	擅长	【动】| shàncháng	to be good at	在某方面有特长。如：~书法、~音乐。
4.	蹦蹦跳跳		bèngbèng-tiàotiào	bouncing and vivacious, lively	精力充沛的，生气勃勃的。如：女孩~地去上学。

| 5. 满怀信心 | mǎnhuái xìnxīn | full of confidence | 指信心十足,非常有把握。
如:我们对未来~。 |

四、标点符号的正确使用

1 有关标点的笑话

儿子给父母写了一封信:"儿的生活好痛苦一点儿也没有粮食多病少挣了很多钱。"
母亲读:"儿的生活好痛苦,一点儿也没有粮食,多病,少挣了很多钱。"于是急得大哭起来。
父亲读:"儿的生活好,痛苦一点儿也没有,粮食多,病少,挣了很多钱。"他高兴得跳了起来。
父亲和母亲糊涂了,因为句中没加标点,意思就不一样了。

2 汉语常用标点符号及书写规则

汉语常用的标点符号有14种,分点号和标号两大类。
1. 点号的作用在于点断,主要表示说话时的停顿和语气。
点号又分为句末点号和句内点号。句末点号用在句末,有句号、问号、叹号3种,表示句末的停顿,同时表示句子的语气。句内点号用在句内,有逗号、顿号、分号、冒号4种,表示句内的各种不同性质的停顿。
2. 标号的作用在于标明,主要标明语句的性质和作用。
常用的标号有7种,即引号、括号、破折号、省略号、连接号、间隔号和书名号。在实际运用中,标点的选择有时不是唯一的,要学会灵活地使用。

汉语常用点号表

符号名称		用法功能	例句
。	句号	用于陈述句末尾的停顿,语气舒缓的祈使句也用句号,语意应完结。	①北京是中国的首都。 ②请您稍等一下。
?	问号	用在问句中,在疑问句、反问句的末尾。	①你叫什么名字? ②难道你不记得我了吗?
!	感叹号	1.用在感叹句的末尾,表示强烈的感情。 2.语气强烈的祈使句末尾,也可以用感叹号。 3.语气强烈的反问句末尾,也可以用感叹号。	①今天天气真好啊! ②你站住! ③这么难,我怎么会呀!

续表

符号名称		用法功能	例句
，	逗号	用于句子中的一般性停顿，单句里的停顿，或复句中分句之间的停顿。	①我叫玛丽，我是美国人。 ②他虽然身材不高，但他非常喜欢运动。
、	顿号	用在列举时，以及句子中的并列成分之间，一般是词和词之间，停顿时间比逗号短。	①我买了水果、牛奶和面包。 ②我们班有韩国、越南、泰国等9个国家的学生。
；	分号	1.用于复句内部并列分句之间的停顿。 2.用于分行列举的各项之间。	①语言，人们用来抒情达意；文字，人们用来记言记事。 ②人生在世，凡事想开；淡薄名利，知足长乐；……
：	冒号	1.用在称呼语后边，表示提起下文。 2.用在"说、想、是、证明、宣布、指出、例如、如下"等词语后边，表示引出下文。 3.用在总说性话语的后边，表示引起下文的分说。 4.用在需要解释的词语后边，表示引出解释或说明。	①（书信的开头称呼） 亲爱的姐姐： ②他对我说："今天太晚了，别走了。" ③北京紫禁城有四座城门：午门、神武门、东华门和西华门。 ④时间：12月30日19：00；地点：……

❗ 难点

1.逗号（，）与顿号（、）的区别

句号是完整句子的标志。在一个以句号结束的句子中，逗号是最简单的停顿，一般用在分句与分句之间；而顿号一般在词与词或词组与词组之间，大多数都用在列举的时候。列举结束的时候如果需要标点，应该根据句子的意思和结构，选择逗号、句号等其他标点符号。逗号停顿的时间比顿号长一点儿，它隔开的部分一般也比顿号隔开的部分长。

对比练习

将适宜的标点填入下列空格

　　我们小时候没有什么玩具_____只是在家门口_____马路边_____公园里_____和小朋友一起玩儿。不像现在的孩子_____有芭比娃娃_____变形金刚_____电动火车等那么多玩具_____但我还是觉得我们很快乐。

2.逗号（，）与分号（；）的区别

在一个完整的句子中，可能有很多小句，如果他们之间没有明显的层次关系，只用逗号就可以了；如果在复句中，有明显的层次，比如有像"第一……第二……第三"、"有的……有的……有的"这样的标志性词语，应该用分号。

对比练习

将适宜的标点填入下列空格

1.种瓜得瓜＿＿种豆得豆。
2.朋友是这样的人＿＿快乐时与我们一同分享＿＿快乐加倍＿＿悲伤时与我们一同分担＿＿悲伤减轻。

课堂练习

将适宜的标点填入下列空格

1.雨停了＿＿云散了＿＿太阳出来了＿＿远处的山＿＿远处的树又看得见了＿＿山和树被雨洗过＿＿都很干净＿＿

2.燕子去了＿＿有再来的时候＿＿杨柳枯了＿＿有再青的时候＿＿桃花谢了＿＿有再开的时候＿＿但是＿＿聪明的＿＿你告诉我＿＿我们的日子为什么一去不复返呢＿＿

汉语常用标号表

符号名称		用法功能	例句
引号	双引号 " "	1.直接引用。 2.表示强调，或者有特殊含义的时候。	①我说："走吧，别等了。" ②难道这就是你说的"诚实"吗？
	单引号 ' '	引号里面还要用引号时，外面一层用双引号，里面一层用单引号。	老师问："大家还记得昨天刚学的生词'忽然'吗？"

续表

符号名称		用法功能	例句
括号	（ ）	引括对前文的注释、说明、列举、评价等内容。有时是对前文中的一个词或一个句子进行注释。	① 在第一行写上日期(年、月、日、星期几)和天气，从第二行开始，按照作文的格式(每段开头空两个格)写日记的内容。 ② "READY"(准备好了)
破折号	——	1. 解释说明。 2. 声音延长。	① 这就是我的故乡——釜山。 ② "阿嚏——"今天真冷啊！
省略号	……	1. 用于引文的省略。 2. 用于列举的省略。 3. 用于话语中间，表示话语断断续续。	① 我去过中国的很多城市，北京、上海、西安…… ② "我……对不起……大家！"
连接号	—	1. 两个相关的名词构成一个意义单位，中间用连接号。 2. 相关的时间、地点或数目之间，用连接号，表示起止。	① 中国秦岭—淮河一带 ② 语言—文化—交际原则 ③ 鲁迅（1881—1936）原名周树人，字豫才，浙江绍兴人。
间隔号	·	1. 用于外国人和某些少数民族人名内各部分的分界。 2. 用于书名与篇（章、卷）名之间的分隔。	① 列奥纳多·达·芬奇 ② 《中国大百科全书·语言》
书名号	双书名号《 》	用于书名、报纸名、杂志名等。	我想买一本《英汉词典》。
	单书名号〈 〉	用于书名号里边还要用书名号时。	今天的作文题目是《看〈天下无贼〉有感》。

课堂练习

1. 把下面的对话抄写到作文纸中，注意标点占格

　　妈妈对我说："这么晚了，你还不睡觉吗？"我抬起头，揉揉眼睛说："等我写完作业再睡。"

2. 将适宜的标点填入下列空格

（1）图书馆里的书真多＿＿＿格林童话＿＿＿上下五千年＿＿＿十万个为什么＿＿＿我都喜欢看＿＿＿

（2）他的朋友看见了＿＿＿叫住他问＿＿＿你上哪儿去＿＿＿他回答说＿＿＿到楚国去＿＿＿

（3）居里夫人成功地提炼出镭＿＿＿Ra＿＿＿以后＿＿＿有人问她＿＿＿你为什么不申请专利呢＿＿＿她说＿＿＿科学家的研究成果应该公开发表＿＿＿科学是全人类共同的事业＿＿＿我们怎么能借此谋利呢＿＿＿

3 标点符号的位置

1. 逗号、句号、问号、叹号、顿号、分号和冒号一般占一个字的位置，居左偏下，不出现在一行的最开头。

2. 破折号和省略号都占两字格，上下居中，破折号中间不能断开。

3. 引号、书名号的前一半不出现在一行的最后，后一半不出现在每行的开头。如果冒号、引号恰好在一行的末尾，在末尾写冒号，在下一行开头写引号。

		我	站	在	正	在	洗	碗	的	妈	妈	背	后	，	小	心	翼	翼	地
问	她	："	妈	妈	，	你	喜	欢	不	喜	欢	爸	爸	？"	妈	妈	扭	头	看
着	我	笑	了	："	我	在	这	个	世	界	上	最	喜	欢	的	人	就	是	你
爸	爸	。	他	是	一	个	很	老	实	，	本	本	分	分	过	日	子	的	人，
而	且	这	么	爱	我	。	我	怎	么	不	爱	他	呢	？	妈	妈	以	跟	爸
爸	结	婚	为	幸	福	。"													

五、作文医生——修改作文的符号

修改作文的符号有很多种,下面介绍一些常用的,如改词、删词、加词、调整语序和段前空两格、分段换行等。

【改词】我不要去。(要→想)

【删词】我不不知道。

【加词】这不是手机。(加"我的")

【调整顺序】我希望下次再来,我喜欢这里。

【段前空两格、分段换行】##然后我回家了。回到家,开始做饭。

贺卡·便条·短信

　　语言是表达自己感情的一种方式，能把我们的心愿、祝福以及思念用汉语写出来，让别人看懂，其实并不难。今天我们一起来学习一些简单而又实用的写作知识。

一、热身互动练习

1 请把你发出过的贺卡内容写在下面，并说说祝福语的一些表达特点

2 修改下面的贺卡和假条，说说问题出在哪里

> 尊敬的张老师：
> 　　你太好，无论忙都帮忙我，祝你有一个很好的教师节！
> 学生　罗威廉
×年×月

> 会话老师：
> 　　薛贤娜本人因上星期五我在妈妈家时吃太多我生病了，所以昨天才回来了，对不起。请病假了。
> 薛贤娜
×年×月

13

二、贺卡赠言的写法

来中国时间也不短了，新年、朋友生日等特别的日子，有时我们需要写一张贺卡表达问候和祝福。

贺卡的书写不需要按照特定的格式，只要把自己的祝福表达出来就可以。常用的词语有：

汉语常用祝颂语

用途	汉语常用祝颂语
新年（元旦）	新年快乐　元旦快乐
春节	春节快乐　新春快乐　×（生肖年份）年吉祥 吉祥如意　万事如意　心想事成
其他节日	节日愉快　节日快乐
生日	生日快乐　梦想成真　福如东海，寿比南山（祝老年人）
出行/旅游	一路顺风　旅途愉快

此外，其他一些日常的祝福语还有如"身体健康、工作顺利、合家欢乐、笑口常开、心想事成、梦想成真"等，对学生还可以说"学习进步，更上一层楼"。

三、范文阅读

1. 给爷爷奶奶的新年贺卡

亲爱的爷爷奶奶：

　　祝爷爷奶奶元旦快乐，在新的一年里身体健康、万事如意、笑口常开！

孙女：小文

2013年元旦

2. 给朋友的生日贺卡

亲爱的陈菲：

　　希望你能喜欢我的生日礼物，祝你生日快乐，心想事成，每一天都像过生日这样开心快乐！也愿我们友谊常存，永远是好朋友！

好朋友：小文
2012 年 4 月 17 日

3. 毕业生新年的问候

尊敬的王老师、亓老师：

　　您好！

　　一年又逝，听同学说您搬了新家，谨送上迟到的祝贺。时光易逝，但对您的感怀和思念仍旧如大学四年一般。

　　祝全家幸福快乐、美满如意！

学生：柳兰
2011 年 2 月

词语表 Vocabulary

1.	万事如意	wànshì rúyì	may everything go/be as you wish	一切都随人愿。祝福语。
2.	笑口常开	xiào kǒu cháng kāi	to grin all the time, to be happy all the time	指以良好的心态去面对生活。祝福语。如：祝你～、万事如意！
3.	心想事成	xīn xiǎng shì chéng	may all your wishes come true	心里想到的，都能成功。祝福语。

课堂练习

1. 修改给老师的感谢卡

   尊敬的孙老师：
   　　这个暑期太感谢你了！我喜欢您说"非常非常非常"，您的课真有意思。我终生忘不了您！！回日本我也一定努力学习汉语。希望有一天，我们一起打篮球吧。再见！谢谢您！

   　　　　　　　　　　　　　　　　　　　　　　　松村贵代美

2. 新年快要到了，你现在在中国，想写两张贺卡，一张给爸爸妈妈，一张给最好的朋友。用汉语向他们表达新年的祝福

四、便条和短信的写法

1 留言条的写法

因为特殊原因不能当面告诉别人或者需要留言提示的事情，我们可以写一张留言条。

如果是印刷好的留言条，只需要按照提示的项目写清楚事件就可以了。这样的留言条一般比较正式，在工作场合中使用较多。

如果是日常生活中使用的留言条，一般要把主要的事情、留言人、留言的时间写清楚。

【例文】

　　贤真：
　　　　我去上课了。今天班长通知，上课的教室在709，不是上周的519，不要记错了。

　　　　　　　　　　　　　　　　　　　　　　　　　　奥腾
　　　　　　　　　　　　　　　　　　　　　　　　　10月20日 13:15

> 留言（Memo）
> 收件人：张经理
> 记　录：陈　力
> 日　期：2012年10月9日　星期二
> 主　题：周四会议时间更改
>
> 王秘书来电话，说周四早上的会议改在下午3点，地点不变。

2 请假条的写法

为了礼貌和正式的需要，我们最好在请假之前或事后写一份请假条。一方面可以表达自己的礼貌和尊重，另一方面老师也能更清楚地知道你缺席的原因，不会担心。

【例文】

> 请假条
>
> 王老师：
> 　　您好！我今天发烧了，很难受，我想去医院看病。不能去上课，请老师原谅。我一定认真复习，请老师放心。
> 学生：大卫
2013年1月15日

> 请假条
>
> 尊敬的亓老师：
> 　　我的父母、姥姥11月16—20日在北京逗留，我下个星期一要陪他们游览北京，不能来上课。请事假一天，请您批准。
> 您的学生　金子真理
11月10日

> 请假条
>
> 尊敬的张老师：
> 　　我因感冒咳嗽、发烧头痛不能来上课，请病假一天。请您准许。
> 您的学生　王芳
12月14日

请假条的写法：

（1）标题写在第一行的中间，不加书名号。
（2）称呼顶格写，可以加"尊敬的"、"敬爱的"等敬语。

（3）正文空两格，要简单叙述理由，并表达自己的歉意。如果自己能有补救的措施，会让人觉得很有诚意。最好不要只说"有事"、"有病"而不能来，这样会让人觉得不够真诚。如果可能的话，需要注明请假的时间，什么时候能按时回来，免得别人担心。

（4）最后写姓名和日期，靠右侧。

（5）如果是用手机短信向老师请假，可以只有称呼和正文。但短信请假并不正式，最好事后再补给老师一张请假条，以示尊敬。

课堂练习

1. 阅读并修改下面这条手机短信请假条

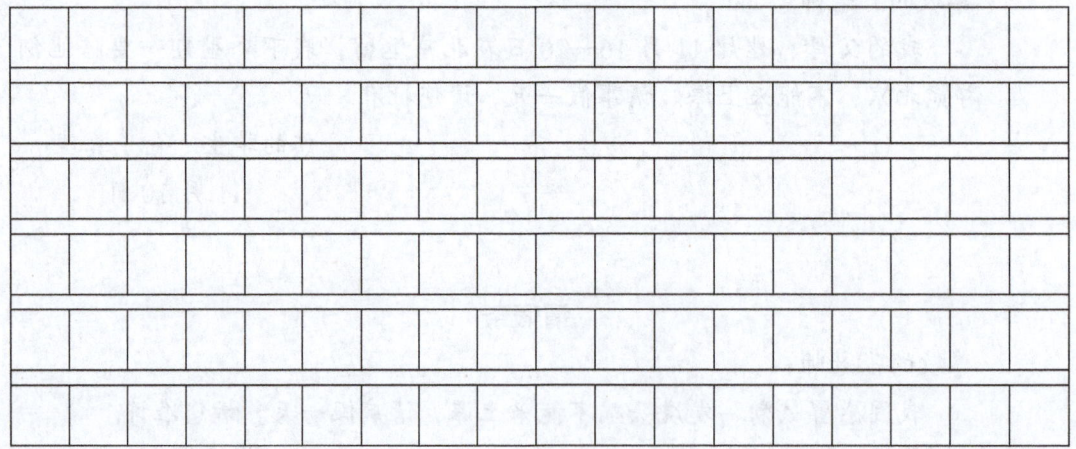

这是劳伦的手机号。我有跟林飞一样的疾病。我的身体不好。所以今天早上不来上课，对不起。

2. 写假条

　　明天你的妈妈要来看你，早上11点的飞机，她第一次来，希望你能去接她。因此你不能上李老师的课，现在你先发一条短信向老师简单请假。注意不用复杂的格式，语言尽量简单明白。然后，写一份正式的请假条，上课时交给李老师。注意这份请假条的格式，特别是时间。

3　短信的写法

　　现在手机短信越来越方便，有事的时候，发个短信，简短迅速；节日的时候，发个短信，祝福问候。发手机短信又方便又便宜，能帮我们解决很多问题。手机短信的一般要求如下：

（1）简洁，准确。在中国，一条短信70个字，超过70字算两条短信。尽管一条短信很便宜，但是如果能用 70 个字把事情尽量说清楚，简短高效，对自己，对别人都方便。

（2）尽量把相关的信息都表达完整，免得别人不明白还要再发短信来问。

（3）如果不能肯定对方是否知道发信人，最好写上自己的名字。

课堂练习

请你给亚娜发一条短信，因为她正在上课，不能接你的电话。事情是这样的：刚才王老师给宿舍打来电话，亚娜有一个包裹送到办公室了，让她下课以后去取，王老师 5 点半下班。

提示

手机短信可以不需要写明时间，因为手机上会有短信的时间显示。也不需要有标准的格式，只要把事情说清楚就可以了。注意语言简练、准确，突出重点。

五、作文医生——能愿动词的使用

在完成本课的作业时，我们会遇到与能愿动词的选择有关的问题。以请假条为例，我们来比较下面几个句子：

我不能上课。/ 我不想上课。

我不会上课。/ 我不要上课。

选择不同的能愿动词，其表达效果是不一样的，甚至与是否礼貌有关。我们来看下面三个句子，请你用恰当的能愿动词填空，并说明有何差别。

① 对不起，我一直咳嗽，请您不_____抽烟。（你旁边有一个人在抽烟，你不希望他抽。）

② 对不起，我不_____抽烟。（你会抽但不愿意抽。）

③ 对不起，我从来不抽烟，不_____抽烟。（别人递给你支烟，你告诉他自己从没抽过。）

课堂练习

选词填空

能　会　想　要

1. 我____开车，但是今天我喝酒了，不____开车。
2. 这里有鲨鱼，所以不____游泳。（表示客观上没有可能性。）
3. 爸爸，我____买一辆新车，行不行？（"想和要"都表示个人愿望，前者语气弱，后者语气强。向别人提出请求时用"想"更客气礼貌。）
4. 你的作文里有很多错误，____记得改正。（说话人语气很坚决，表示愿望强烈。）
5. 我____拉二胡，____拉名曲《二泉映月》，在学校不____拉，回家后才____拉。
6. 她的嗓子治好了，现在又____唱了。（表示恢复某种能力。）

书信和电子邮件

在没有手机和电脑的年代，书信是人们最早的传递信息、沟通情感的工具，今天即使有了这些现代化的工具，书信有时也有着不可替代的作用。这一课我们要学习汉语书信的基本格式和常用语。

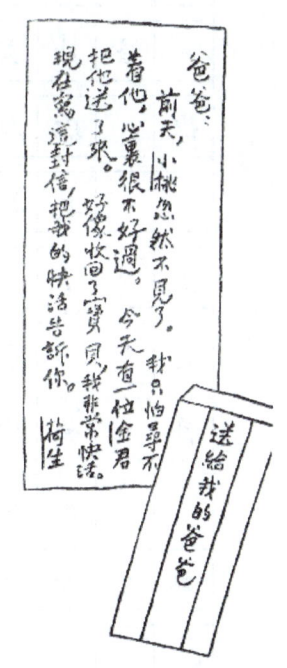

一、热身互动练习

1 阅读下列选文，指出写信应注意的事项

中国教育家叶圣陶先生编辑的小学语文课本里有这样一篇课文，有一个小朋友叫荷生，他走失的小猫被别人送了回来，他高兴地说："今天开心极了，我要告诉爸爸。"于是他就写信，写完了，又在信封上写了"送给我的爸爸"六个字。

> 爸爸：
> 　　前天，我的小猫小桃忽然不见了，我只怕找不到了，心里很难过。今天有个人把它送回来了，我好像又找回了宝贝，非常开心。现在写这封信，把我的快乐告诉您。
>
> 　　　　　　　　　　　　　　　　　　　　　　　　荷生

他的哥哥说："你第一次写信，弄出笑话来了。照这样写，叫邮差送到哪里去呢？"

（信件图片及正文素材选自叶圣陶《开明国语课本》）

通过前面这个选文，我们知道，写信应该按照必要的格式，不然就不能准确表达寄信人的意思，甚至还有可能无法送到收信人手中。

2 完成下面这封书信的标点

亲	爱	的	京	珍											
		你	好		最	近	学	习	长	吗					

		我	刚	来	北	京		遇	到	很	多	困	难		谢	谢	你	一	直
帮	助	我		我	记	得		在	我	想	家	的	时	候		你	对	我	说
		在	北	京	我	就	是	你	的	姐	姐		就	像	家	人	一	样	照顾
你		你	别	难	过		这	些	都	让	我	特	别	感	动				
		我	知	道	你	最	近	心	情	不	太	好		我	也	不	能	帮	你
做	什	么		我	只	能	希	望	你	的	心	情	能	早	一	些	好	起	来
这	个	小	熊	是	我	最	喜	欢	的	玩	具		我	送	给	你		希	望
能	带	给	你	好	运														
		无	论	遇	到	什	么	事	情		一	定	要	记	住		每	一	天
都	要	开	心	啊															
																		金	妮
												20	12	年	4	月	7	日	

二、书信的写作格式

我们先来看一篇范文，作文要求是这样的：

你是一名留学生，看到北京电视台《国际双行线》栏目之后，想给他们的编导老师写一封信，告诉他们你觉得北京还存在哪些问题，例如什么地方让你觉得不满意，还需要改善哪些方面，等等。要求：（1）注意书信的格式和标点；（2）500字以上。

1 书信没有标题

2 称呼（顶格写）

亲爱的爸爸妈妈：
敬爱的王老师：
尊敬的李经理：

尊敬的编导老师：

您好！我是一名越南留学生，我叫阮氏秋水，在北京师范大学上学。看过您的节目之后我非常喜欢，有一些想法想告诉您。

我觉得北京正在准备办奥运会，可是还存在一些问题。

第一重要的问题是交通问题。每天

3 正文（包括问候语）

正文空两格，有时会用一些问候语来开始，如：您好／你好／好久没联系了／好久没给你写信了／收到你的信我很高兴／时间过得真快／最近好吗……此后按照内容分段依次书写。

4 祝颂语

祝你学习进步／工作顺利／身体健康／万事如意……

如果分两行写，格式如下：

  祝
工作顺利！

或

  此致
敬礼！

5 署名和时间

6 附言

需要补充的内容在最后可以这样写，

另：

  我还有一事……

或

  我还有一事……。又及。

上下班时北京常常堵车。这可能是因为有很多机关、学校都集中在市区里面。另一方面，北京地铁的规模还不大，路线太少。因为乘地铁的人多，所以每次买票都要排很长时间的队才能买到。快到奥运会了，那时会有很多人到北京，不仅是看比赛，还有旅游，所以车辆很多。因此交通管理要迅速改善这种情况。

第二，我觉得北京环境污染严重，空气中有很多灰尘。这个问题也影响到外国人对中国的印象。环境污染的理由可能是中国的工业发展很快，特别是在北京。

还有一件事我觉得很重要，就是北京的文明程度。不论是老人还是年轻人在路上，经常会随地吐痰。这个行为很不文明，不卫生。

这只是北京的一部分问题，我想北京现在要改善很多方面，才可以举办一届成功的奥运会，从而给大家一个美好的回忆。

祝您的节目越办越好！

       留学生：阮氏秋水（越南）
       2008年4月5日

（贾丹丹修改自中央财经大学本科一年级留学生作文）

书信分为私人书信和社交书信，平时因为个人私事而写的书信是私人书信，一般格式和用语比较随意，特别是在电子邮件中，有时称呼、署名、时间等都有可能会有形式变化。

因为公事，或者针对特定的对象而写的书信往往有着特殊的目的，需要表达尊敬、谦虚、道歉、感谢、咨询、投诉等特定目的，因而有比较固定的格式和用语。我们常见的社交书信有邀请信、感谢信、投诉信、贺信等，格式和前文差别不大。

在今天这个追求速度和效益的时代，书信的使用范围没有以前那么广泛了，很多事情打个电话、写封邮件就可以完成，但是有时候书信是不可以替代的，比如在一些很特殊的场合，当面讲或者在电话里讲会不好意思，或者双方因为某些原因不方便面谈，一封信可以为我们解决很多麻烦，可以消除误会、加深好感、增进友谊、联络感情，等等。

中国是一个历史悠久，注重礼仪的国家，不论是传统的书信、名片、请柬、启事、题诗题词、对联，还是现代的电报、传真、特快专递、电子邮件，往往都包含着丰富的礼仪内容，具有浓厚的文化色彩。

三、阅读范文

1. 给父母的信

亲爱的爸爸妈妈：

您们好！

我来北京已经一个多月了，你们一定很挂念我吧！你们近来好吗？我们的猫咪好吗？我很想念你们，希望大家都平平安安、开开心心的。

下面就来介绍一下我在北京的经历吧！

北京给我的印象是一个正在快速发展的城市。这可以从人们的衣食住行日常生活方面反映出来。

我们一群香港人很容易被人认出来，其中一个主要原因是我们的衣着跟内地的不同。大部分北京人衣着随意、舒适，而香港人却很重视款式、搭配。衣服在颜色上的差异也较明显，内地重花色，而港人以素色为主。

北京人、香港人都重视吃，北京的街头有很多小吃，比香港便宜得多。我们去了很多有名的饭馆，吃了烤鸭、饺子、涮羊肉等好吃的东西，这些都合我的口味，让我大饱了口福。

北京人住的地方周围环境比香港好。例如，我们住在北师大的兰慧公寓，不仅公寓里像高档的宾馆，校园里也绿树成荫、花草遍地，令人陶醉！

自行车是北京人的主要交通工具，其他有的士、巴士、地铁等，四通八达、非常方便。我来到北京，也入乡随俗骑上了自行车，还去了北京的许多名胜古迹：天安门、故宫、颐和园、琉璃厂、卢沟桥及十三陵。而且，我也登上了长城，当了一回"好汉"。

这次来北京，收获最大的是提高了普通话的水平，同时对中国当代的社会文化也有了更为直观的感受，提高了自己的民族意识。我祝愿北京发展得更快更好，祝愿祖国更加繁荣富强。

此致

敬礼！

女儿玉芬自北师大
×年×月

（亓华修改自北师大201年级留学生作文）

词语表 Vocabulary

1.	挂念	【动】	guànniàn	to miss, to worry about (sb. absent)	想念，放心不下。如:~亲人、~父母。
2.	猫咪	【名】	māomī	cat, kitten	猫的爱称。如：可爱的~。
3.	款式	【名】	kuǎnshì	style, design	格式，样式。如：最新~、特别的~。
4.	搭配	【动】	dāpèi	to collocate, to match	按适当的标准或比例加以配合或分配。如：词语~、服装~、色彩~。
5.	涮	【动】	shuàn	to scald (thin slices of meat, etc.) in boiling water	将易熟的原料切成薄片，放入沸水火锅中，快速捞出，蘸调味料食用。如：~羊肉。
6.	高档	【形】	gāodàng	top grade	质量好，价钱贵。如：~服装、~社区。
7.	绿树成荫		lùshù chéngyīn	tree-lined, shaded by trees	树木枝叶茂密，遮蔽了阳光。~的街道。
8.	陶醉	【动】	táozuì	to be intoxicated with	表示很满意地沉浸在某种境界或思想活动中。如：美妙的音乐令人~。
9.	四通八达		sì tōng bā dá	accessible from all directions	四面八方都有路可通。形容交通便利。
10.	入乡随俗		rù xiāng suí sú	when in Rome, do as the Romans do—to follow local customs wherever you are	到一个地方，就顺从当地的习俗。
11.	琉璃厂	【专名】	Liúlichǎng	a famous district in downtown Beijing that is known for stores of various craftwork, artistry and antiques	琉璃：用某些矿物原料烧成的半透明釉料。琉璃厂是北京有名的传统文化街。

12. 繁荣	【形】	fánróng	prosperous	草木茂盛，也指经济或事业蓬勃发展。如：经济～。
13. 富强	【形】	fùqiáng	wealthy and powerful	富足而强盛。如：国家～。
14. 敬礼	【动】	jìng lǐ	(used at the end of a letter) with high respect	人们写信时常在末尾写"此致"，另起一行写"敬礼"，这已成为固定的格式。

2. 给新朋友的信

蔡云小姐：

你好！迟寄为歉。

因2月28日之前从昆明至北京的火车票、飞机票都买不到，我不得不坐3月1日下午的飞机回北京，第二天早晨8点就开始了新学期的课。一转眼半个月已匆匆忙忙地过去了，直到现在才给你寄信，真对不起。

我每天看着你给我的书包，上面绣着"各国人民心相连"的字样，而且是你把"全"字改成了"各"。我觉得北京和景洪、日本和中国人民的心连接了起来。36天的云南之行，在西双版纳的日子给我留下了最深刻的印象，特别是你和你的父母，还有那只可爱的小狗。为了纪念，我把那时拍的照片寄给你，请笑纳。

若有机会来北京，请你一定跟我联系。希望能进一步加深我们的友谊。再见！

  祝你

身体健康、工作顺利！

川上靖雄

×年×月×日

（亓华修改自北师大201年级留学生作文）

词语表 Vocabulary

1.	转眼	【动】 zhuǎnyǎn	in the twinkling of an eye, in an instant	转动眼珠子的工夫。形容时光飞逝。如：~一年过去了。
2.	匆匆忙忙	【形】 cōngcōng-mángmáng	in a hurry	指做事匆促忙碌。如：他~地走了。
3.	绣	【动】 xiù	to embroider	用针将彩色的线缝在绸或布上构成图案。如：~花。
4.	笑纳	【动】 xiàonà	to kindly accept (this small gift of mine)	客套语，用于请人收下自己的礼物。如：这点儿东西请~。

3. 给老朋友的信

亲爱的永强：

你好！

请接受我的来自你的祖国的问候。我是6月3日到的中国，现在已经走了不少地方，看了不少东西。有些是非常好的，但也有一些可以说是非常糟的。现在我正在广州。到目前为止，我已经去了北京、四川、湖北、上海、深圳、广州和香港等地。我参观了北京的紫禁城和长城，它们的壮观和气派简直是无与伦比！我们还花了三天的时间游览了长江三峡，其美丽和壮阔真是没法用语言来形容。我敢说，在这个世界上，恐怕没有任何景观能够与那儿相媲美了。你去过那儿吗？如果没有的话，你回中国以后一定要马上去一趟，因为听说大坝没几天就要合龙了。

在北京的时候，我还去了动物园，并终于看到了梦寐以求的大熊猫，多可爱的动物啊！如若真有一天，大熊猫在这个世界上消失，那可就太让我伤心了。

我一切都好，我的妻子也很好，请勿挂念。我每到一处，都受到了非常热情、友好的接待，这是中国给我留下的最美好的印象。

但是，不幸的是，我在大街上遇到的许多人却不是那么友善、那么彬彬有礼。我很讨厌人们随地扔东西、随地吐痰。我也很讨厌汽车喇叭在我身后嘟嘟作响。还要告诉你，排队的时候，我还老是被人们推来搡去，这简直令人不能忍受。到了后来我也不得不如此了。

我还有很多事情想告诉你,但是我们现在得去赶火车了。因此,只好就此停笔,以后再谈。

希望你在福特韦因市(FORT WAYNE)过得愉快!

你的朋友 格林
×年×月×日

(亓华选自留学生报刊文章)

词语表 Vocabulary

	词语	词性	拼音	英文释义	中文释义
1.	无与伦比		wú yǔ lún bǐ	incomparable, unparalleled	指事物非常完美,没有能与它相比的。
2.	壮阔	【形】	zhuàngkuò	immense, grand	原形容水面辽阔。现比喻声势雄壮或规模巨大。
3.	媲美	【动】	pìměi	to compare favourably with	美好的程度可以相比,比美。和……媲美。
4.	合龙	【动】	hé lóng	to close a dam, dyke, etc. built from two ends, to join the two sections of a bridge from two ends	特指修筑堤坝或桥梁从两端施工,最后在中间接合。
5.	梦寐以求		mèngmèi yǐ qiú	to have dreamt of sth. for long, to long for sth. day and night	形容迫切地期望着,做梦都想得到。如:他终于得到了~的东西。
6.	彬彬有礼		bīnbīn yǒulǐ	refined and courteous	形容文雅有礼貌的样子。
7.	吐痰		tǔ tán	to spit	将口中唾沫或其他分泌物吐出的行为。如:随地~。

| 8. | 喇叭 | 【名】 | lǎba | trumpet | 一种管乐器，上细下粗，多用铜制成，可以扩大声音。如：吹～。 |
| 9. | 推来搡去 | | tuī lái sǎng qù | to push and shove | 使劲推。如：那个青年被人～。 |

课堂练习

你室友的电子词典找不到了，他/她误会是你拿的。你们俩的语言不通，只能靠汉语交流，这样误会很难解释清楚。你觉得当面说有些尴尬，所以想写一封信，跟他/她解释一下。要求：(1)注意书信的格式，使用简单、恰当的问候用语，注意礼貌；(2)字数300字左右。建议你在信里写上这些内容：

1. 告诉他/她电子词典不是你拿的，事情发生的时候你在什么地方，在做什么，因此不可能拿；

2. 希望得到他/她的信任，表示如果他/她有需要，你会帮助他/她，比如把你的词典借给他/她……

四、电子邮件的写法

今天电子邮件已经逐步代替书信成为人们日常交流的工具。它和书信有相似的地方，但是格式上比书信更随意。

以下是中文电子邮件界面（以 mail.263.net 为例）：

【例文】

> 小洁：这是昨天去长城的照片，我发给你，照得挺漂亮的。张琳

> 王老师：
> 　　您好！这是您需要的5篇留学生作文，作文以附件的形式发给您。请您查收。
> 　　如果还需要修改，或者有其他问题，您再和我联系。
> 祝您工作顺利！
> 　　　　　　　　　　　　　　　　　　　　　　　　　　　张力

电子邮件的写法：

（1）简洁，准确。
（2）可以不严格按照书信的格式，比如称呼后面不换行，连起来写信件的内容；发信人的名字不一定在最右边等。
（3）邮件本身有时间记录，可以不用写时间。
（4）根据收信人的年龄和身份选择得体的语言。

电子邮件常用词句：

1.	附件	【名】fùjiàn	enclosure, attached file	发送文件的一种间接方式，为了使文件保存完好。
2.	标题	【名】biāotí	subject, title	发送的文件的名字。
3.	查收	【动】cháshōu	to check (email, etc.)	检查收件的意思。
4.	如……请再和我联系。		Rú... qǐng zài hé wǒ liánxì.	If..., please contact me again.

五、修辞知识：书面语中的长句式

　　有时候，长主语、长定语能使短句子变成有节奏、有秩序的长句子，更具有书面语的表达效果。下面这几段话，主要都在使用长句子，作者对句子成分的判断非常准确，所以语言流畅优美，像一首动听的歌。

例1：爱偷懒却又不得不努力学习的我，最喜欢的格言是："工作是为了生活，生活是为了愉悦。"我喜欢认认真真地学习，开开心心地生活、交友。（韩国·崔贤淑）

例2：我是在迎春花开的季节出生于韩国的首都首尔。我在性格开朗、个性鲜明的妈妈和为人耿直、周到热心的爸爸的照料下成长为一个性格开朗外向、爱结交朋友的大姑娘。（韩国·朴喜兰）

例3：在表达清楚准确、符合习惯的前提下，有意识地通过调配音素、音节、音步、音段等语音单位，创设和谐悦耳的语音之美，不但有利于意义的表达，同时也能满足受众的审美需求。（选自胡苏、胡晓鹏《试论广播电视语言的声韵美》）

六、作文医生——常见连词使用问题

连词是用来连接词、短语或者分句的，主要表示连接的部分之间有联合或偏正的关系。常用表并列关系的词有"和、与、同"，表递进关系的词有"并、并且"。通常连词的使用规则是这样的：

名词／代词＋和＋名词／代词

例1：老师和学生

例2：我、弟弟和妹妹（两个以上名词或代词并列，"和"放在最后一词前面）

形容词＋又／而且＋形容词

例3：这里的苹果又大又甜。

例4：好吃而且便宜

动词／动词性短语或分句＋并／并且＋动词／动词性短语或分句

例5：代表们讨论并通过了这项决议。

例6：老师拍了拍阿龙的肩膀，并／并且向他做了个鼓励的手势。

动词＋动词

根据动作发生的时间，我们可以有不同的选择：

1. 同时发生：一边……一边、又……又……

例7：一边吃饭一边看电视

例8：又刮风又下雨

2. 先后发生：……然后

例9：先洗西红柿，然后切成块。

3. 连动句：可以不用连词

例10：他穿好衣服走了出去。

课堂练习

修改下面的句子

1. 外边一直刮风和下雨。
2. 我喜欢烤鸭好吃和便宜。
3. 我们骑骆驼和玩儿沙橇。
4. 我想再去承德寻找历史的轨迹和欣赏山光水色。
5. 我心里一边紧张,一边很有意思。
6. 突然室友叫我一边起床,一边看外边的雪景。

参考答案及简析:

1. 外边一直刮风下雨。(可以不用连词)

2. 我喜欢烤鸭好吃又便宜。

3. 我们先骑骆驼,然后玩了沙橇。(不是同时)

4. 我想再去承德寻找历史的轨迹,并欣赏山光水色。

5. 我又紧张又觉得有意思。

6. 突然室友叫我起床去看外边的雪景。(连动句,不用"一边")

4 故事和看图作文

讲故事和看图作文是一种比较简单、有效的练习写作的方式。故事有很多种，比如成语故事、民间故事、幽默故事、讽刺故事等。看图作文有单幅的、多幅的，有描写故事的，也有提出观点议论的。这一课我们学习几则故事的写法，也介绍简单的看图作文的写法。

一、热身互动练习

这是德国著名漫画家埃·奥·卜劳恩（E. O. Plauen）的连环漫画《父与子》中的一幅《以画代镜的局限》，请大家一起编个完整的故事，题目自拟。

1. _____

2. _____

3. _____

4. _____

5. _____

6. _____

二、故事的写法

故事，即以前的事。这个事可能是真实的事，也可能是虚构的事。它侧重于对事件过程的描述，强调情节的生动性和连贯性，较适于口头讲述。

故事是写"事"的，不需要有过多的心理活动描写、大段的对话和细腻的景物描写、人物形象的刻画，作者不应该在故事中对人物或事件大加评论。故事应该着重于笔下的人物在怎么说和怎么做，而不是怎么想。作者始终要注意推进故事情节的发展。

故事不一定很长，但一定要完整，因为我们希望别人能看懂，就必须说清楚必要的因素。此外，故事还应该连贯，保持顺畅的线索，不要加入无关的其他内容，影响阅读的效果。

故事的种类有很多，以下我们将读到的是：民间故事、传奇故事、文人故事和生活故事。

三、范文阅读

1. 塞翁失马

战国时期，北部边塞有个老翁丢了一匹马，邻居们听说后都来安慰他，塞翁却说："丢了一匹马未必不是福呢。"过了几天，丢失的马不但自己跑了回来，还带回了一匹匈奴的骏马。邻居们听说了，都来向塞翁贺喜。塞翁却忧郁地说："白白得了一匹好马，不一定是什么好事，没准会招来什么祸事呢。"邻居们都觉得塞翁有些多虑。

塞翁的儿子从小就喜欢骑马，刚得到一匹骏马他哪里肯放过，千方百计想驯服它。一天，他被骏马甩了下来，摔断了腿。邻居们听说了，又纷纷来安慰塞翁。塞翁说："没什么大不了的。腿断了却保住了性命，谁能说这不是福呢？！"邻人们觉得塞翁十分可笑，明明是祸事怎么能是好事呢？！

没过多久，北方的匈奴兵大举入侵，青年男子都应征入伍。塞翁的儿子因为瘸了腿，才被免除了兵役。入伍的青年人大都战死了，唯有塞翁的儿子因瘸腿而保全了性命。从此，就有了"塞翁失马，焉知非福"的成语。

（亓华改写）

词语表 Vocabulary

1.	边塞	【名】	biānsài	border area, frontier	边疆地区的要塞。如：~诗、驻守~。
2.	匈奴	【专名】	Xiōngnú	Xiongnu, an ancient nationality in China	中国古代北方游牧民族。
3.	骏马	【名】	jùnmǎ	fine horse	良马，跑得快的好马。如：一匹~、奔驰的~。
4.	贺喜	【动】	hè xǐ	to express felicitations	道喜。如：新年~。
5.	忧郁	【形】	yōuyù	melancholy	忧愁苦闷。如：~的性格、心情~。
6.	祸事	【名】	huòshì	disaster, misfortune	灾祸之事，危害性很大的事情。如：~不断。
7.	驯服	【动】	xùnfú	to tame and domesticate	温和顺从。如：~野兽、难以~。
8.	甩	【动】	shuǎi	to cast, to throw	抛开，抛去。如：~掉、~出去。
9.	摔	【动】	shuāi	to fall quickly	很快地掉下。如：~倒、~下去。
10.	瘸	【动】	qué	to be lame, (to walk) with a limp	腿脚有毛病，行走时身体不平衡。如：~腿、~子。
11.	塞翁失马 焉知非福		sài wēng shī mǎ yān zhī fēi fú	Behind bad luck comes good luck.	比喻一时虽然受到损失，也许反而因此能得到好处。

2. 聪明的阿凡提

从前，新疆有个非常聪明的人，他的名字叫阿凡提。阿凡提骑着一头小毛驴四处流浪，他又善良又机智，专门为穷苦老百姓办好事，大家都很喜欢他。

国王听说阿凡提很受老百姓的喜爱，心中恼火，就派人把他找来，想找碴儿除掉他。国王说："阿凡提，听说你很聪明，那么今天我要考考你，如果回答不出来，我就杀掉你！"阿凡提同意了。国王问："天上有多少颗星星？"阿凡提指指国王下巴说："天上的星星和您的胡子一样多。"国王捋着胡子又问："那么，我的胡子有多少根呢？"阿凡提抓起他那毛驴的尾巴道："您的胡子和这驴尾巴的毛一样多，要是不信，您就数一数吧！"国王一听，气得胡子翘上了天，吼道："竟敢把驴尾巴同我的胡子相比，推出去杀了！"士兵们一拥而上，抓住了阿凡提。阿凡提笑着说："哈哈，我早就知道我今天要死！我不光知道我自己哪一天死，我还知道您哪一天死呢！"国王最怕死，一听这话，连忙叫回阿凡提，问："快说，我哪一天死？"阿凡提说："您比我晚一天死，我今天死，您明天就该死了！"国王一听，非常害怕，连声喊着："阿凡提，你可千万不能死呀！快放了他，要让他再活一万年，我就可以再活一万年零一天了。"

于是，国王送给阿凡提很多金银财宝，还请他住别墅、吃美味。阿凡提把钱分给了穷人，骑上毛驴，又四处流浪去了。

（亓华 改写）

词语表 Vocabulary

1.	新疆	【专名】	Xīnjiāng	Xinjiang Uygur Autonomous Region	新疆维吾尔自治区，位于中国西北部，是中国面积最大的省级行政区。
2.	四处流浪		sìchù liúlàng	to drift around, to lead a vagrant life	没有固定住所，到处去。如：无家可归的人～。
3.	机智	【形】	jīzhì	quick-witted	灵活、机敏。如：～聪明、～勇敢。
4.	恼火	【动】	nǎohuǒ	to be annoyed	生气。如：很～、非常～。
5.	找碴儿	【动】〈口〉	zhǎo chár	to find fault	故意挑毛病、挑刺。如：他们是在～。

6.	颗	【量】	kē	a measure word for grains, pearls, bombs, etc.	指圆形或粒状的东西。如：一~珍珠。
7.	捋	【动】	lǚ	to smooth out with the fingers	用手握着条状物顺着抚摩。如：~胡子、~了~。
8.	翘	【动】	qiào	to raise, to turn upwards	举起，抬起，向上。如：~首、~尾巴、~起来。
9.	一拥而上		yì yōng ér shàng	to rush up in a crowd	一下子全都围上去。形容周围的人同时向一个目标猛挤过去。如：顾客~。
10.	金银财宝		jīn yín cáibǎo	money and other valuables	钱财和珍宝，泛指钱财。如：地主家有~。
11.	别墅	【名】	biéshù	villa	在住宅以外另地建造的休闲居住场所。如：一幢~。

3. "推敲"一词的来历

中国人写诗作文讲究的是字斟句酌。为了用好一个字，需要反复"推敲"多次。"推"和"敲"二字原本是两种跟手相关的动作。在汉语里，"推敲"作为一个词出现，还有着一个家喻户晓的故事。

传说唐代诗人贾岛喜欢骑驴作诗。一天偶然得到"鸟宿池边树，僧敲月下门"两句。但后一句是用"敲"字还是用"推"字一时难以决定。他用手反复做着"推"和"敲"的动作，无意中骑着毛驴闯进了大官韩愈的队列里。韩愈问其缘由。贾岛就把自己的困惑如是说来。韩愈想了想说，还是用"敲"字好。因为敲门会发出声音，在那月光如水、夜深人静的环境中，有几下敲门声，就更显得幽静了。如果用"推"字，就达不到这个效果。再者去别人家，又是晚上，还是敲门有礼貌呀！贾岛一听，觉得很有道理，就用了"敲"字。

后来，人们就用"推敲"来表示"字斟句酌、反复琢磨"的意思了。贾岛本人成了"推敲"一词的创始人，他在《题诗后》中有名的诗句"二句三年得，一吟双泪流"，恰是诗歌名句来自于"推敲"的真实写照。

（亓华改写自《现代汉语词典》，商务印书馆2001年版）

词语表 Vocabulary

1.	推敲	【动】	tuīqiāo	to deliberate (especially on the ways of expression)	用来比喻作文章或做事时，反复琢磨。如：写文章需要仔细~。
2.	字斟句酌		zì zhēn jù zhuó	to choose one's words with great care	斟、酌：反复考虑。指写文章或说话时慎重细致，一字一句地推敲琢磨。
3.	家喻户晓		jiā yù hù xiǎo	known to all	喻：明白；晓：知道。家家户户都知道。形容人所共知。如：他的事已经~。
4.	缘由	【名】	yuányóu	reason, cause	造成某种结果或另一件事情发生的条件。
5.	困惑	【动、形】	kùnhuò	to feel puzzled; confused	指陷在艰难痛苦里不明白对与不对。如：十分~。
6.	月光如水		yuèguāng rú shuǐ	water-like moonlight	月光皎洁柔和，如同闪光而缓缓流动的清水。如：在~的夜晚。
7.	夜深人静		yè shēn rén jìng	in the dead of night	深夜没有人声，非常寂静。如：下班时已是~。
8.	幽静	【形】	yōujìng	sequestered	深幽静寂，非常安静。如：~的山谷，~的小路。
9.	效果	【名】	xiàoguǒ	effect, result	某种做法或因素所产生的结果。如：~显著。
10.	琢磨	【动】	zuómo	to ponder, to mull over	雕琢、打磨（玉石）。比喻对待诗文等反复加工。如：我~来~去，也没~明白。

| 11. | 写照 | 【名】 | xiězhào | portrayal, depiction | 本义是画人物的肖像，引申为真实的刻画描写。如：真实的～。 |

4. 我来"娶妻子"

亓华

　　每个学期开学后的两周，北师大汉语文化学院新入学的外国留学生可以自由选择班级试听，所以每堂课的学生都会有所变动。一天，我的读写课刚要开始，门忽然打开了，一位黄头发的西方学生站在了门口。他口齿不清地对我说："我来娶妻子。"我吃惊地反问道："你要干什么？！""我要娶妻子。"他虽嘴上这么说着，但在我的反问下，已变得有些胆怯，下意识地用手指指教室里面。我以为他是来试听的，连忙说："请进，欢迎！"谁知，他走到教室后面并没有坐下，而是说："那个班的'妻子'不够，需要这个班的'妻子'。"边说边动手搬"椅子"。直到这时，我和班上的同学们才恍然大悟，不约而同地哄堂大笑起来。送走了那位不好意思的学生，我转过身来，一本正经地对学生们说："刚才那位同学从我们班'娶'走了两位'妻子'"。学生们又是一阵哄堂大笑。笑过之后，我们趁机练习了一下"椅子"和"妻子"的发音。

　　（节选自《难学的汉语》，《语文建设》2001年第2期）

词语表 Vocabulary

1.	选择	【动】	xuǎnzé	to choose, to pick	挑选，选取。如：～学校、～专业。
2.	口齿不清		kǒuchǐ bù qīng	inarticulate; to have trouble speaking clearly	指说话语言表达不清，口吃、含糊等。如：没牙的老人说话～。
3.	胆怯	【形】	dǎnqiè	timid, shy	胆小，缺少勇气。如：～的小女孩。
4.	下意识	【名、副】	xiàyìshi	subconscious; subconsciously	人的不自觉的行为趋向；不加思考地。如：～地看了一眼。

5. 恍然大悟		huǎngrán dà wù	to realize all of a sudden	恍然：猛然清醒的样子；悟：心里明白。形容一下子明白过来。如：听了介绍，他才~。
6. 不约而同		bù yuē ér tóng	to take identical action or share identical views without previous consultation	事先没有约定而相互一致。如：~地笑了。
7. 哄堂大笑		hōngtáng dàxiào	(of everyone in a room) to burst out laughing	形容全屋子的人同时大笑。如：全班~、大家~。
8. 转身	【动】	zhuǎn shēn	to turn round	转动身体，改变面对着的方向。如：~走了。
9. 一本正经		yì běn zhèng jīng	in a serious manner	形容态度庄重严肃，郑重其事。如：~地说。
10. 趁机	【副】	chènjī	to take advantage of the occasion (to do sth.)	乘机，利用机会。如：~对他说。

四、看图作文的写法

1 单幅图画描述——提问式

从时间、地点、人物、事件等方面给自己提问，把回答的内容有条理地串起来就是对图画的描述了。

比如：

——这是什么时候？
——天气怎么样？
——这里风景怎么样？
——图片中的人物在干什么？
——他心情怎么样？
——这里发生了什么事？

> **课堂练习**
>
> **试着给这幅画编个 100 字的故事。**
>
>

2 多幅画面描述

描述一个事件,需要写清楚事情的"六要素",就是指事件发生的时间、地点、人物、起因、经过、结果这六个环节。

1. 时间

我们可以根据图上的景物来判断时间。比如根据太阳在空中的位置,判断是早上、中午或傍晚,根据月亮判断是晚上。还可以从人物的衣服、周围景物、植物的样子判断是一年当中的哪个季节。

有时看图作文不需要描述太准确的时间,或者在图中也看不出来,那我们就用"有一天"、"一天"、"有一次"等不确定的时间来作为开头。

2. 地点

一般从图中都可以看出地点,比如有花有树,可能是公园;有学生有教室,可能是学校。汽车、马路等比较有特点的地点一般都能比较容易地看出来。

3. 人物

看图作文首先需要我们对人物命名,有时名字在图中可以找到。需要我们自己命名的时候可以根据自己的理解和需要来确定。另外对图中人物的关系,需要有比较准确的理解。我们可以根据人物的衣服、身高、表情来确定年龄、职业等特征。

4. 事情的起因、经过、结果

这些有很多不是画面可以完全表达的,还需要我们根据情况合理想象,用生动的语言把静止的画面写成动态的故事。

一般来说,看图作文每一幅图都是一个场景,可以以此作为分段的依据。同时要注意段落与段落、图画与图画之间的衔接,因为它们不是一张一张的照片,而是像电影一样连贯发展的。我们不仅要把画面描述清楚,还要发挥想象,让故事首尾连贯。

课堂练习

下面是中国著名漫画家方成的漫画作品,请据此编写一个故事

提示

可以先给自己提一些问题,然后回答,越仔细越好。把自己的答案连起来,就成了一个故事。例如:给他起个名字,或者就叫×先生。他在什么地方?他在干什么?家里发生了什么?你觉得这个人怎么样?这样的行为好吗?如果是你,你怎么办?

【例文】

聪明反被聪明误

亓华

星期天的早晨,老张坐在家里的沙发上,悠闲地哼着小曲儿,看着杂志。就在这时,水从楼上滴答滴答地漏了下来,而且很臭。老张一闻便知这不是水,而是楼上小狗撒的尿。那尿是通过天花板上的裂缝漏下来的。老张想不费吹灰之力就能尽快解决这个麻烦。

于是他脑筋一转就想出了一个办法。他把杂志放在一边,蹲在漏水的地方开始在地板上挖洞了。挖好以后,老张又回到沙发上,拿起杂志跟没事人似的继续看杂志了。

不一会儿,楼下的老王一边大声嚷嚷着,一边生气地跑上来说:"老张!这是怎么回事!你快出来跟我解释解释!"老张只是用食指指着楼上,一言不发。

老王明白了他的意思,就气呼呼地向楼上喊:"小刘!快出来!有你这样的吗?怎么还下起狗尿来了?要是你不管的话,别怪我对你的狗不客气!"小刘

一听，顿时火冒三丈，跟老王吵了起来。他说："你找不痛快吧？小狗撒尿碍你什么事了，管天管地，管不了人家拉屎放屁！大礼拜天的，你嚷嚷什么？！"他们俩你一言我一语地吵了起来。而这时老张却在家里堵着耳朵闭目养神呢。

邻居们都说老张是个老好人，他总是一副事不关己、高高挂起的样子，谁都不得罪，人前只说他人好，人后不说他人短。但这么个聪明人这回却办了个糊涂事，他非但没有解决自家楼板漏水的问题，还故意破坏他人的楼板，只为临时把矛盾转移到楼下，挑起邻里双方的争吵，自己却作壁上观。与其说他聪明，还不如说他聪明反被聪明误，失掉了做人的起码的是非道德标准，损人又不利己。如果换作我，会心平气和地跟楼上的小刘说明楼板漏水的情况，让他配合物业维修人员尽快修理好。还要提醒小刘让狗养成去卫生间方便的习惯。

词语表 Vocabulary

1.	悠闲	【形】	yōuxián	carefree and leisurely	悠然自在。如：~地散步、生活很~。
2.	滴答	【拟声】	dīdā	sound of water drops	象声词，常用于水滴滴下来时的声音。如：水珠~~地落下来。
3.	天花板	【名】	tiānhuābǎn	ceiling (of a room)	室内的天棚。如：~上有吊灯。
4.	漏	【动】	lòu	to leak, to seep	物体由孔或缝透过。如：~水、~气、~雨。
5.	吹灰之力		chuī huī zhī lì	just a tiny effort	比喻极轻微的力量。如：不费~把事情办成了。
6.	蹲	【动】	dūn	to squat	两腿尽量弯曲，像坐的样子，但臀部不着地。如：~下。
7.	嚷嚷	【动】	rāngrang	to shout	大声喊着说话。如：谁在那儿~？

8. 闭目养神	bì mù yǎng shén	to close one's eyes and rest one's mind	把眼睛闭上，集中精力，修养精神。
9. 事不关己 高高挂起	shì bù guān jǐ, gāogāo guà qǐ	to stay aloof from things of no immediate concern to oneself	认为事情与自己无关，把它搁在一边不管。
10. 作壁上观	zuò bì shàng guān	to stand aside and watch others fight, to be an onlooker	壁：壁垒。原指双方交战，自己站在壁垒上旁观。后多比喻站在一旁看着，不动手帮助。

老师推荐的好句子：

① 他堵住耳朵，闭着眼睛，一副事不关己，高高挂起的样子。（韩国·奇慧秀）

② 这三个人太不像话了，毫无歉意的楼上者、立马上来吵架的楼下者和事件的肇事者"他"，他们三个没有一个是好的，半斤八两。（韩国·金娜莱）

看图作文的写法：

（1）细致观察，准确描述画面。

（2）发挥想象，给画面中的人物恰当的身份和称谓。

（3）重点观察人物的表情、动作，发挥想象补充合理的情节，例如交谈的语言、事情的原因等。

（4）注意画面之间的连贯以及时间的表达。

五、语篇连贯知识——汉语零形回指的句法规则

语篇中往往会接二连三地提及同一个人、物或同一件事。这种现象称为回指，是语篇衔接的重要方式之一。汉语中最常用的回指形式是零形式、人称代词和名词三种。例如，张老师觉得尹老师的话未免偏激，但○并不认为尹老师的话毫无道理。他静静地考虑了一分钟，○便答辩似地说……在上例中，为了回指"张老师"，用了两次零形式和一次人称代词"他"。

规则一：在同话题推进的语篇中，当前后相连的谓语小句句法平行时，后一小句的话语便采用零形式。例如：

① 他想起了六年的心血和汗水，○想起了饿着肚皮省下来的粮食，○想起了从儿子手里夺下来的糖块，○想起了被耽误了的妹妹的青春。

②他抑制住对小学教育工作和孩子们的依恋，○燃起了对新工作的渴望。

规则二：在同话题推进的语篇中，当某个谓语小句使用关联词语同前一小句连接时，该谓语小句使用零形式。例如：

①刘乡长没有很高的学历，○学识也不渊博。他在当选乡长以前，○是一个笃实的农夫，○在乡里是一个名不见经传的人物。大概是他做人太过于忠厚老实，所以○竞选期间，○不必花费金钱，○终能高票当选。

②我曾经使用过一辆车，○离开延安那年，○把它跟一些书籍一起留在当地了。○后来常常想起它。○想起它，就像想起朋友，○心里充满着深深的怀念。

六、作文医生：常见语篇衔接问题

在介绍自己或他人时，句与句衔接的常见问题是：人称代词用得太多，缺少零形式。

例1：我现在在中国，所以（我）非常遗憾不能看见你们孩子的脸。我可以想象孩子一定非常可爱。我回国的时候，（我）一定到你的家里去看孩子。

上例括号中的"我"都可以删去。

例2：我叫王美子。（我）是从韩国来的。（我）十八岁。（我）在首尔出生的。我的家有三口人。（我的）妈妈、爸爸和我。

第1–3个、第5个"句号"应改用"逗号"。在同话题的语篇中，前后相连的谓语小句句法平行时，用"逗号"而不用"句号"断句。

课堂练习

修改下列语段

她的脸型是圆形。她的眼睛单眼皮。她的头发长，颜色是黄色。她的皮肤是白的。她的身高矮小还有瘦。她的性格开朗和活泼。

参考答案：

她圆型脸，单眼皮，黄色的长发，皮肤白皙，身材瘦小，性格开朗活泼。

5 留学日记

写日记是一个好习惯，特别是对于学习汉语的留学生来说，不仅可以记录有意义的留学生活，还能不断练习汉语写作，提高汉语写作水平。今天写下的日记，就是记录下来的一段宝贵的经历，将来会成为一笔珍贵的财富，也是一份美好的回忆。

更重要的是，在我们今后写作文的过程中，常常会遇到没有写作素材的情况，如果平时有记日记的好习惯，就不用担心了。《一件难忘的事》、《一个让我印象深刻的人》、《我喜欢的一个中国城市》……这些题目，一定曾经出现在你的日记中。

一、热身互动练习

1 阅读下文，修改文字和标点不当之处，说说这篇日记在格式和语言表达上的特点

> 2011年9月26日 星期一　天气　晴转阴
>
> 　　今天是周一，都说一天之计在于晨，那一周之计就是今天了。我还像平时一样，洗澡之后准备上学。我还是走在那条熟悉的路上，可是感觉跟往常不一样。感觉有人用异样的眼光看我，这一下子让我摸不着头脑，心想怎么回事，于是我加快了上学的脚步。到了教室，我四周打量了一下，没有多少人、我放下书包。浑身上下，前后左右，仔细的检查了一遍。才发现，我的上衣穿反了。怪不得别人都看我。我下次一定注意了。

（亓华选自北师大201年级留学生作文）

二、日记的写法

　　日记是比较私密的东西，一般来说，不会有太严格的内容和格式要求，除了标明日期和天气，其他的部分就和日常的作文没有太大差别了，但日记除了记录日常生活，更多地像是在自言自语，把不足为外人说出的心里话、真话都一股脑地倾吐出来，把不能释怀的心事说出，把无法消解的情绪宣泄出来。

1　日记的题目

日记的题目可有可无，没有特殊的规定，根据自己的需要选择。

2　日记的时间

一般的日记，没有题目的话，最开始就是：
×年×月×日　星期×　天气：

3　其他的部分遵循汉语作文的格式要求，例如分段和段首空两格，标点符号不能顶格等

4　避免"流水账"日记

> ### 周末的一天
> 　　我早上一直睡觉，然后 11 点起来，我去楼下买麦当劳吃。吃完回来我上网，和朋友聊天，还看电影。想一想下午吃什么。晚上决定和朋友出去吃饭。很晚回来。……

　　日记不是记账，不需要像上文一样记录生活中的每一件事情，应该选择重要的、有价值的事情详细记录，抒发自己的感想。

三、范文阅读

　　今天很多人都在写《留学日记》、《旅行日记》、《宝宝日记》、《妈妈日记》……其实都是意识到了这种珍贵的记忆值得保留。下面的范文选自北京师范大学汉语文化学院日本留学生松井的

《中国留学日记》。松井从来华学汉语时起就开始记日记，他学了半年汉语后HSK考了6级，写日记对他提高语法知识和书面表达能力有较大帮助。

1. 中国留学日记

【日本】松井

五月八日　星期四　晴

最近有空时，我常常听中国的流行歌曲，像什么周华健啦、李慧珍啦、张信哲等等。这是因为留学结束后，我们公司一定派我去中国的哪个地方推销啤酒。而卡拉OK、餐厅或酒吧是推销啤酒的好地方。如果我会中国的流行歌曲，餐厅的小姐们会很高兴，客人中要求跟他们一起唱歌的人也很多，所以，会唱中国的流行歌曲，一定会受到顾客和服务小姐们的欢迎和喜爱。切记，不要唱得太好，只要让对方知道你在学他们的样子就行了。这样，小姐们就会替我向老板提议采用我们公司生产的麒麟牌啤酒。

今天中国学友借给我广东话的磁带。普通话歌曲和广东话歌曲都准备好了，公司派我去中国的哪个地方都可以。我在日本工作的时候每天唱歌，早有基础。需要做的事只是学会歌词的发音。我以当中国的卡拉OK皇帝为目标而努力！！！

五月十日　星期六　晴

今天，跟王燕学习广东话后，我们一起去了"八番面屋"。那时我发现她吃得很慢。我从来没看过吃得这么慢的人。她一直说"不好意思，不好意思"。我想这可能有两个原因。第一是她家庭的问题。因为她家只有她一个孩子，没经历过兄弟姐妹之间的生存竞争，所以，她慢慢吃时，没有人会把菜抢光。第二是我自己的问题。因为日本人一般吃得太快，特别是公司职员。快吃已不知不觉成了我的习惯，所以，我吃光后，看她的盘子时，她还没吃到十分之一。下次跟她一起去吃饭的话，我应该慢一点儿……

五月十二日　星期一　雨

今天下雨。早晨从窗户向外望去，已开始下起了毛毛细雨。看样子，今天可能要下一整天，真没意思。不过，下雨时，来餐厅的客人很少，应该趁此机会去拜访餐厅的老板。他们平时都接待客人，没有时间跟推销员说话。再说，即使下雨，也去看老板的推销员，会给老板一个很好的印象。应该去哪个餐厅呢？

五月十五日　星期四　晴

今天我跟同学们一起去看杂技团的表演。这是由留学生办公室组织的。我从小除了在电视上以外，没看过杂技表演。今天的表演有空中秋千、马戏表演，还有魔术。他们的水平一般，但现场表演使我有身临其境的感觉。我们对演出很满意。

可是，让我们烦恼的是中国的小孩子。虽说是个小孩儿，不过穿得却很气派。看来一定是北师大某讲师的孩子。坐在我们前排的那个小孩儿，妈妈说什么，他都不听，甚至还盯视妈妈。他冲妈妈喊："讨厌！傻瓜！气死我了！"当表演中的丑角扔给孩子们胶皮气球时，他一直大声喊叫："给我一个！给我一个！"他的行为让我们吃惊。如果在日本的话，即使其他的人看着他们，妈妈也会立刻当场把孩子打倒。尽管那位母亲也不停地说自己的孩子，可那个任性的孩子根本不听妈妈的话。我差点儿替那个妈妈踢他一脚。

今天有两个收获。第一，我发现中国的杂技表演对中国人来说是一种不错的娱乐。第二，中国的小皇帝真是很厉害！教育问题很重要，关系到中国的未来！

五月十七日　星期六　晴

我父母来了！好久没见了！不过我到飞机场接他们时一眼就从人群中认出了他们。我们到我的房间把东西放下聊了一会儿，就出发去颐和园了。父亲二十年前曾来北京工作过。他跟我说没想到中国的发展这么快。他来北京时，中国还没有改革开放，街道没有现在那么宽，街上的建筑也没有现在那么多、那么高。现在的中国跟他所知道的中国完全不一样了，所以对他来说，好像来到中国以外的国家似的。晚上我们吃饺子，我给他们点菜。父亲非要喝白酒，可母亲不同意。他们在北京的时间还有四天。看他们高兴的样子，我特意让父亲喝点儿白酒。明天我们打算去天安门。我希望明天天气不错！

五月二十日　星期二　晴

今天我们去了周口店、卢沟桥、琉璃厂、王府井。没想到周口店附近的农村那么富裕。他们穿的衣服跟我想的不一样。他们可能是中国最富裕的农民。我父亲一直想看北京猿人的遗址，所以他非常满意。听他说，他退休以后要开始上大学学中国历史、考古学。对他来说，这次参观是十分必要的。

五月二十五日　星期日　晴

今天我参加HSK考试。最近我很忙没有时间准备考试，我真不愿意参加考试。可是听力考试时我发现，我的听力水平的确比以前高多了。磁带的录音效果不太好，不过百分之五十我完全能听懂（要是录音效果好的话，肯定百分之八十）！以前考的时候只能听懂百分之二十，所以我的听力取得了很大的进步。这次考试，对我来说，是检验听力水平的好机会。

晚上，我应红叶老板的邀请，到新街口去吃上海菜。老板平时不吃上海菜，不过他知道日本人口味清淡，特地为我选了上海菜。最让我吃惊的是他的年龄。没想到他跟我一样大，都是一九七五年出生的，都还没搞对象，都是**大龄青年**。我们俩有不少共同的**志趣**。我原以为他比我大四五岁，他也以为他比我大，他以为我今年二十五岁左右。其实我比他还大半年！我们俩都很吃惊。我让弟弟请客真有点儿不好意思。下次我应该请他！还有我们俩应该互相给对方介绍女朋友！

（亓华修改自北师大201年级留学生作文）

词语表 Vocabulary

1.	流行	【动】	liúxíng	to be in (or come into) vogue	广泛传布，盛行。如：广泛~、~音乐、~趋势。
2.	歌曲	【名】	gēqǔ	song	供人歌唱的作品。如：一首~、动听的~。
3.	推销	【动】	tuīxiāo	to promote sales	推介销售。如：~员、~商品。
4.	提议	【动、名】	tíyì	to suggest; suggestion, proposal	提出供考虑。如：一起~、~出游、重要的~。
5.	麒麟	【名】	qílín	kylin (a mythical Chinese creature)	中国古籍中记载的一种动物。古人把麒麟当作仁兽、瑞兽。
6.	魔术	【名】	móshù	magic	能够产生特殊幻影的戏法。如：~表演、学习~。

7. 身临其境		shēn lín qí jìng	to be personally on the scene	临：到；境：境界，地方。亲自到了那个境地。如：这篇游记把桂林山水描写得形象逼真，让人感觉~。
8. 丑角	【名】	chǒujué	clown	中国戏剧的一种程序化的角色行当，一般扮演比较滑稽的角色。也比喻滑稽可笑的反面人物。
9. 大龄青年	【名】	dàlíng qīngnián	single youth above the normal age for marriage	指超过适婚年龄较多的未婚青年人。
10. 志趣	【名】	zhìqù	aspiration and interest	志向和兴趣。如：~相投。

写一篇日记并不难，难的是坚持下去，如果不是每天都有空儿写，也可以写周记。总之，把它当成一种乐趣，就不觉得这是负担了。下面请欣赏二年级本科生一周内写的四篇日记。

2. 留学日记

【越南】陈天秀

2011年9月22日　天晴，秋高气爽

　　今天下午到第一公寓跟老师和同学们一起讨论即将举办的留学生辩论比赛。北师大初次派代表队参加这次比赛，因此各位老师非常重视此次比赛，老师强调我们每个人都要尽力而为，把比赛当成一个提高汉语水平的好机会，用最积极、热情的心态来参加。我又能够参加辩论比赛了，不知结果会怎样。这次对我来说的确是学习汉语的好机会，而且说不定还能为学校争得荣誉呢！但是自己感到既自信又紧张。自信是因为汉语口语水平不错，可就像是鹦鹉学舌一样，学的时间长了能叫出几句却没有一点儿内容。事实上，发音发得标准和能用汉语来思考是两码事儿！思维能力弱的人去参加辩论比赛能不紧张吗？！可是既然来了就要学习，学习就要面对挑战、超越自我。鼓起勇气来吧！今晚要吃鸡腿！

2011年9月23日　天晴，早晚较冷

　　回来了，咳！天气那么奇怪，忽冷忽热的，令我一直闷闷不乐，是因为天气还是另有原因呢？自己也弄不明白。原以为自己只要好好努力学习就能参加跳班考试，可没想到正好赶上学院改变规定，只好老老实实再读一次二年级了！反正学习不能着急，好多人愿意在学校多留几年都不行啊！可如果这样不是浪费自己的时间，浪费老师的时间吗？上课大部分是已经学过的内容，感觉一直要反复看些旧东西，真有些烦呀！但你也不是不知道孔子说的"温故而知新"，在学习这些旧知识的过程中必然学到一些新的东西，说不定会给你带来许多的启发呢。再说有时间多学点儿别的东西，比如英语什么的。可见不能主观，上课不要觉得闷，反倒要更加注意细节。"上课之前要预习，态度要积极，下课回家做练习，乖乖学习成绩好。"

2011年9月25日　天晴

9点至11点30：京剧社团活动——学唱京剧；下午2点至5点：北国剧社活动——小品；晚上7点30：首都剧场：《我们的荆轲》。真没享受过如此清闲的周日！现在都累坏了，恨不得马上闭上眼睛入睡，可偏偏是睡不着，心里一直想着今天的一幕幕。从上午学唱京剧到晚上看戏，我一直处在兴奋的状态。京剧是一门非常深奥的艺术，唱、念、做、打都有格外严格的要求。当然我们只是业余学习，所以老师不会要求太高，但至少要有热情才能坚持下去。之前听一位老演员说过："京剧这个东西，你若不犯它那没关系，但只要你把它拿起来了，就放不下了。"京剧有那么神奇吗？我要亲自去体验，虽然腰酸腿痛。下午北国剧团活动就不用说了，我们一起玩儿"解放天性"游戏，大家每个人似乎回到童年时代，玩儿得满头大汗还笑着放声歌唱。学演话剧会让你更加自信，让你走进另一个世界，体验另一种生活，因此会让我对生活产生一种热爱的感觉。再说学习语言就要了解文化，参加这样的活动不是一箭双雕吗？最有趣的就是晚上的话剧，坐在剧场里我真正体会到文盲的感觉，他们说的台词都是古文啊！惭愧、惭愧！只能怪自己知识浅薄了！继续努力吧！

2011年9月26日　晴天

祝大橘生日快乐！我虽然不在家但依然愿意是第一个祝你生日快乐的人，希望你身体健康、工作顺利，也祝我们一直这样甜蜜下去。你现在工作最要紧，我也是学习最重要，每个人都有自己追求的目标，一定要加油！我们俩都带着乐观的心态去面对这三年分离的挑战。将来的事谁也说不准，但愿现在能够如此真诚地爱你！

模糊桥上人心动，

秋月空中月拥星。

亦知夜过朝阳见，

但愿千秋不了情。

（亓华修改自2011年北师大本科专业二年级留学生作文）

四、博客和微博的写法

也许你会发现，现在的博客（Blog）和微博（Microblog）给我们提供了一个便利的记录平台，不一定要拿起本子和笔，也不一定要长篇大论，随时有感而发，还能得到朋友的回应。

网上也有不少外国留学生的汉语博客，记录他们的留学生活，非常值得一看。例如韩国留学生张远永的新浪博客（http://blog.sina.com.cn/hetallica），截止2012年底已有180多万人次的访问量，其中"你好，我是韩国人"板块已于2008年6月由花山文艺出版社出版。

你应该知道的有关博客的关键词：

日志	rìzhì	diary
博文	bówén	blog post
标签	biāoqiān	label
关键词	guānjiàncí	key words
评论	pínglùn	comment
转载	zhuǎnzǎi	to copy (a post from one blog to another), to repost
收藏	shōucáng	to store (in the list of favourites)
发纸条	fā zhǐtiáo	to send a private message
留言	liúyán	to leave a message

因为博客和微博的流行，特别是微博，提倡的就是随时、随地、随手记录，与他人分享。哪怕就是简单的一句话，也记录了当时的一份心情，一份思绪。

五、语篇连贯知识——汉语的时间连接词语

汉语的时间连接成分大致可分为三种：先时性连接成分，同时性连接成分，后时性连接成分。

1.所谓先时性连接成分，是指那些能用来表示某一事件发生的时间先于另一事件的词语。常见的有："原来"、"原先"、"过去"、"从前"、"事先"、"本来"等。

2. 同时性连接成分，指表示两个以上的事件的发生在时间上无先后之分的词语。常用的有："与此同时"、"在这时"、"另一方面"、"同时"等。

3. 后时性连接成分，指表示某一事件的发生在时间上后于另一事件的词语。常用的有："然后"、"接着"、"后来"等。

汉语常用时间连接词语

先时性连接成分	原来、原先、过去、从前、事先、本来
同时性连接成分	与此同时、在这时、另一方面、同时
后时性连接成分	立刻、马上、很快、不久、不一会儿
	随后、随即、接着、接下来
	然后、后来、以后、此后

六、作文医生——汉语时间名词的使用

汉语的时间表达分"时段"和"时点"两种。"时段"指一段时间，如5年、4个月、3天或6个小时。"时点"是指一个具体的时间点，如1999年、4月、3点。汉语的"以前"、"以来"、"以后"、"以内"，如果没有具体的时间参照点，都是指说话前或说话后的时间。例如：

① 一周以来，我们从没联系过，以前不是这样子的，我们每天都会联系。现在没了，感觉像缺胳膊断腿了一样，以后也不会好过。好希望能和他回到从前。

② 分手以后我们还像以前一样聊着从前。

③ 和以前的男朋友分手以后，他给我发短信的时候总是说话带刺。

汉语时间名词的使用规律

词	单用	表过去（时点/时段+~）	表将来（时点+~）	例句
从前	√	×	×	~有座山，山里有座庙……
以前	√	√	√	4天~他来看过我。
以后	√	√	√	你（一个月）~再来吧。
以来	×	√	×	6年~他一直在学习汉语。
后来	√	√（强调时间的先后）	×（对应开始、原先）	开始喜欢，~不喜欢了。
然后	√	√（强调动作的顺序）	√（对应首先、先）	先读课文，~提问。

课堂练习

用上表中的时间词语完成下列句子

1. 他回国_____我们再没见过面。
2. 刚开始很担心，_____就好了。
3. 认识他_____我谈过三次恋爱。
4. _____我很喜欢跟他在一起。
5. 奥运会_____北京一直在打造新形象。
6. 写作文先写好提纲，_____再动笔写。

参考答案：
1. 以后
2. 以后 / 后来
3. 以前 / 以后
4. 从前 / 以前 / 后来
5. 以后 / 以来
6. 然后

游记见闻

俗话说"百闻不如一见",为了开阔眼界,避免做"井底之蛙",只要经济条件允许,人们都乐于旅游观光,周游世界。留学生们更是如此,趁着留学的机会多走走看看是理所当然的事。如果把所见所闻记录拍摄下来,那将成为我们一生弥足珍贵的回忆。

一、热身互动练习

1 阅读分析下面这段文字,说说在表达上存在的主要问题

今年暑假我一个人去旅行了。从小我一直希望去一人旅行了。但是从来没机会,这个放假是很好的机会了。7月20日,我坐火车,32个半小时才到了重庆。参加一日游以后,就坐上船了。我非常盼望看长江三峡了。终于把这一天来了,我太高兴了。三天四夜坐船了。当时,长江附近洪水了。水量有一点儿多。可是长江的风景很伟大、美丽。我觉得我会看见了长江三峡非常幸福。

2 请提前准备几张旅行照片,根据照片用 150 字介绍一次难忘的旅行

二、游记的写作技巧

1 游记的写法

游记是描述游览经历和地方风光的一种记叙文。中国的游记早在唐宋时代就很兴盛，形成了把摹写自然景色和描述作者的情态结合起来的写作特色。游记的取材范围极为广泛，既可描写山川景物、名胜古迹，也可以记叙某地的政治生活、经济状况和风土人情。游记的表现形式极为自由。它一般不要求有完整的故事情节和鲜明的人物形象，往往是片段描写，常通过旅游中的所见所闻来抒发自己的情怀。所以，有的游记以抒情散文的形式出现，也有的采取书简的形式，还有的游记完全是景物描写，或有人有物，以及传奇性的民间故事。

游记有两种基本的写法：一是根据游踪所到之处的先后顺序，依次展开对山川景物的描写、对风土人情的记述。二是根据游历中的感觉来描绘山川名胜、自然风物。

2 游记的开头和结尾

通常我们会先简单介绍游行的初衷，也就是为什么会去，是在什么时候去的，并且简单介绍一下这个地方。关于景点的简单介绍，我们通过网络、书籍都可以获得，甚至旅游景点的门票也能提供给我们有价值的信息。

3 选择合适的线索记录旅行

大多数人会按照旅行的线路，时间顺序来记叙。可写的东西很多，例如，一路上看到的景物、历史故事、民间传说，以及发生的事情等。

4 突出重点

对各种不同景物的描绘要抓住特点，主次分明、详略得当才能突出中心，才能给大家留下深刻的印象。如果没有选择，什么都写，就像平淡的清水，难以打动读者。

三、范文阅读

1. 莫高窟游记

赵文戈

敦煌，早就以它古老神奇的艺术魅力牵动着无数人的情思。暑假里，我终于有机会和同学们一起来到了迷人的敦煌莫高窟。

我们穿过平坦的林荫道，跨过长长的石拱桥，一座金碧辉煌的牌坊出现在眼前。再往前行，远远望去，密密层层、大大小小的石窟排列在一道陡峭的灰色土壁上，山坡前有许多宝塔式样的建筑物，据说那是和尚的庐冢。洞窟前面有一条细长的泉流在静静流淌，泉边长着一排高大的白杨和丛生的红柳。真可谓沙漠中的绿洲。

我们沿着陡直的石阶来到初唐时期的石窟。这里的菩萨很惹人喜爱，一个个面容丰腴、体态优美、栩栩如生。攀上第二层的一座石窟，我们看见了三十米高的大佛。这是佛教创始人释迦牟尼的雕像。我们被他那种明哲、睿智、善良、仁慈的气度所吸引，一种庄严神圣、不可亵渎的崇敬之情油然而生。

让我感到最亲切、最温柔的是一座卧佛。他大约十多米长，身体侧躺在一块大平石板上。他的神态安祥娴静，姿势优美自然，眉似弯月，双眼微闭，长眠于梦幻之中。多么和谐、幽静的美！我们不禁对美的创造者肃然起敬。

最后，我们在第十七窟的藏经洞前停下来。曾经收藏在这里的五万多卷典籍、经卷、字画，早已被"掠购"一空，现在人们只能凭想象去追溯当年的景象。

（改写自《中学生优秀游记选评》，语文出版社）

词语表 Vocabulary

1.	牵动	【动】 qiāndòng	to affect as if a tugging action has been applied	因一部分的变动而使其他部分跟着变动。如：他的生命～着在场的每一个人。
2.	金碧辉煌	jīnbì huīhuáng	(of a building, etc.) resplendent and magnificent	形容建筑物等异常华丽。如：音乐大厅～。

3.	牌坊	【名】	páifāng	monumental archway or gateway	封建社会为表彰功勋、科第、德政以及忠孝节义所立的建筑物。如：树~是为彰德行。
4.	陡峭	【形】	dǒuqiào	steep, cliffy	（山势等）坡度很大，直上直下。如：这条山路太狭窄、太~了。
5.	庐冢	【名】	lúzhǒng	temporary house in mourning beside a grave	庐：屋舍；冢：坟墓。为尽孝道，古人在服丧期间，搭建的守护屋舍。
6.	丰腴	【形】	fēngyú	plump, well-rounded	形容人丰满；形容土地丰饶。如：在~的草甸上放牧。
7.	栩栩如生		xǔxǔ rú shēng	vivid, life-like	栩栩：活泼生动的样子。指艺术形象非常逼真，如同活的一样。
8.	雕像	【名】	diāoxiàng	statue, carved figure	雕刻的形象。
9.	睿智	【形】	ruìzhì	wise and far-sighted	见识卓越，富有远见。
10.	亵渎	【动】	xièdú	to deal with irreverently, to blaspheme	轻慢、冒犯。如：~神明。
11.	油然而生		yóurán ér shēng	(of a feeling) to rise of itself	油然：自然而然。自然地、发自内心地产生（某种思想感情）。
12.	肃然起敬		sùrán qǐ jìng	to be filled with profound respect	肃然：恭敬的样子；起敬：产生敬佩的心情。形容产生严肃敬仰的感情。

| 13. 追溯 | 【动】 | zhuīsù | to trace back to, to date from | 逆流而上,向河流的源头走。比喻探索事物的由来本末。如:~人类起源的历史。 |

2. 骑车去天津

【日本】木岛忠兴

10月1日,我有一个有趣的计划。这个计划就是一个人从北京骑车去天津买东西。因此我买了一辆500元的自行车,为成功实现这个计划,我买的是质量可靠的永久牌自行车。我朋友说,他们坐火车去天津,所以我们发誓一定在天津见面!

那天早上4点半我从北京师范大学出发了。说实话,我连北京的路都不熟悉,更不用说天津了,我可能会迷路,所以一路上少不了中国人的帮助!

经过西单、天安门、大红门……我好不容易找到了103国道,上了路,朝着天津方向骑去。

我打算先去廊坊住一天,第二天到达天津。因此我得尽快到廊坊找个宾馆,要不就要露宿街头了!吃了晚饭,很快继续骑车前行。天越来越暗,人和车也越来越少,而且路上没有灯,我的自行车也没有车前灯,几乎什么都看不见。晚上八点才到廊坊。到了以后我才发现忘了带护照,我很担心找不到住的地方。幸运的是我找到了60元一天的宾馆,虽然我没有带护照,但主管让我住了一晚。多亏他,我算保住了一条性命。

第二天,我六点离开了宾馆,那天早晨雾特别浓,连路上的标志都看不见,一直处于暗中摸索的状态,我真怕发生意外。到武清的时候雾已经散开了,路上有个中国人告诉我,到天津走104国道比较好。听了那人的话,我换上了104国道。这个104国道确实好,可以直达天津,我开始朝天津方向奋力冲刺了。

中午12点,我终于到达了天津。我和我的朋友也终于在天津相见了!我非常开心!途中遇到了很多困难,我都一一战胜了。最后朋友们问我:"你怎么回去呢?"我毫不犹豫地回答道:"骑车呗!"

(亓华修改自北师大汉院二年级留学生作文)

词语表 Vocabulary

1.	发誓	【动】	fā shì	to swear, to vow	庄严地说出表示决心的话或对某事提出保证。如：我~。
2.	露宿	【动】	lùsù	to sleep in the open	在室外或郊野住宿。如：~街头、风餐~。
3.	摸索	【动】	mōsuǒ	to try to find out	探索，寻求。如：~规律。
4.	冲刺	【动】	chōngcì	to spurt, to sprint	赛跑临近终点时用全力向前冲，奋力向前。如：向终点~。
5.	毫不犹豫		háo bù yóuyù	without the least hesitation	说话、做事果断，很快拿定主意，一点儿都不迟疑，形容态度坚决。如：~地选择尊严。

3. 内蒙古之行

【日本】山井浩平

去年暑假，我跟两个朋友一起去了内蒙古大草原。我们不但欣赏了大草原的美丽景色，而且了解了蒙古族的风土民情。这次旅行给我留下了美好而深刻的印象，使我常常回忆起来。

我们从北京坐了十二个小时的火车到了呼和浩特，参加了青年旅行社。在导游的陪同下，我们一行八人坐车前往大草原。一路上，我们非常兴奋，不停地说笑、唱歌。大约四个小时以后，我们到达了目的地。一望无际的大草原出现在我们的面前。辽阔的草原上，散落着几个蒙古包。天空那么蓝，空气那么清新，我们顿时被那美丽的景色吸引住了。

我们迫不及待地来到马圈，挑选自己喜欢的马。中村选了一匹白马，这是他向往已久的，他来内蒙古之前，就梦想着骑着白马飞驰的潇洒的样子。所以一看见白马就毫不犹豫地选择了它。我们随便挑选了自己要骑的马。开始骑马

了，我们都非常激动。这是我们第一次在真正的草原上骑马。我以前学过骑马，所以很快就找到了感觉。然而，中村骑的白马却让他非常失望。这匹白马虽然看上去非常漂亮，但他已经是十一岁的"老年人"了，走得很慢，根本跑不起来，这让想在大草原上跃马扬鞭的中村十分沮丧。他垂头丧气的样子让我们觉得非常好笑。

在这短暂的两天中，蒙古族牧民粗犷豪放的性格给我们留下了深刻的印象。我们骑马的时候，看到了一个小湖，他们告诉我们湖里有什么东西，可是我们听不懂他们的意思。有一个牧民脱下了衣服走进湖里，用手捞着什么。过了一会儿，他用衣服兜着一包东西上来了。一看原来是一大包鸟蛋，牧民说要给我们煮着吃。看着他那张纯朴的笑脸，我们都很感动。城里人已经失落了的宝贵的东西，我们在牧民身上发现了。我忽然意识到，我们暂时离开那喧闹的城市，投身到这辽阔的大自然的怀抱，不仅仅是为了欣赏这美丽的景色，更是在追寻被现代都市文明丢掉的宝贵的东西——纯朴自然的风土人情。美丽的大草原，给我们双重的陶冶和启示。

两天后，我们坐车离开大草原。汽车在大草原上奔驰着，突然一幅美丽的画面映入我们的眼帘。从来没有看到过这么多的马在那么辽阔的草原上默默地吃草。草原上，开满了黄色的小花，天空湛蓝。我们被这美丽的景色吸引住了，一致要求把车停下来。我们下车一边欣赏着美景，一边拍下照片，作为永远的纪念。

永远的纪念不是永久的告别，我们三人约定明年一定再来。

（亓华修改自北师大汉院二年级留学生作文）

词语表 Vocabulary

1.	散落	【动】	sànluò	to strew, to fall scattered	分散，分布。如：~一地、~的书。
2.	迫不及待		pò bù jí dài	too impatient to wait (to do sth.)	迫：紧急。急迫得不能等待。形容心情急切。
3.	潇洒	【形】	xiāosǎ	natural and unrestrained	指行为自然大方，不呆板，不拘束，多用来形容人的神态和容貌，也指举止。
4.	垂头丧气		chuí tóu sàng qì	to lose one's spirits, to be downcast	垂头：耷拉着脑袋。丧气：神情沮丧。形容因失败或不顺利而情绪低落、精神不振的样子。
5.	纯朴	【形】	chúnpǔ	simple, unsophisticated	单纯朴素，不带有装饰。如：民风~。
6.	失落	【动、形】	shīluò	to lose; abandoned	指原本拥有的东西遗失丢落。也含有被遗忘、隔世而鲜为人知的意思。如：~的文明、~记忆。
7.	喧闹	【形】	xuānnào	bustling with noise and excitement	喧哗、吵闹。如：~的街道、~的公园。
8.	陶冶	【动】	táoyě	to exert a favourable influence on (a person's character, etc.)	怡情养性。如：~情操。
9.	奔驰	【动】	bēnchí	to gallop, to run fast	（车、马等）很快地跑。如：飞速~。
10.	映入		yìng rù	to come into view	进入、看见。
11.	眼帘	【名】	yǎnlián	eye	眼睛。

4. 本溪水洞

【韩国】金恩惠

我三年前去了本溪水洞。这是我们全家第一次一起去旅行，我非常兴奋。我们包了一辆出租车，从辽宁省省会沈阳市出发，大约用了两个小时就到了本溪市。

本溪水洞位于辽宁省本溪市东边，它是一个国家重点风景名胜区。据载本溪水洞是个大型石灰岩水溶洞，它的可观赏洞深约两千八百米。

我一到那儿就看到群山交错、重峦叠嶂。水洞的入口就在小山的中央。走进水洞没多远，一幅美景展现在我眼前。洞中宛若龙宫仙境、深邃宽阔，虽是盛夏时节，但洞里却像哈尔滨的冬天一样寒冷。那里为游客准备了大衣，我们穿着大衣坐上一条小船向里行进。我向洞里四处探望，只见用霓虹灯照的那些钟乳石，五光十色、绚丽多姿，像彩虹一样光艳夺目。水洞的水清澈见底，这水如此纯净，丝毫没被尘世所污染，使我仿佛置身于天界一般。

洞里有很多神形兼备的钟乳石，如宝瓶口、玉米塔、仙丹石、龙角岩、剑群、孔雀岩等，真是无奇不有、造化天成。印象最深刻的是"猴群"。这组钟乳石如同是把花果山的水帘洞搬到这里，"猴子"们一个个惟妙惟肖、栩栩如生，和别的地方的钟乳石比起来更显生动活泼，给寂静的水洞平添了几分热闹。就这样船向前开了一个多小时，突然掉头返了回去。当时我们都不知道为什么没到尽头就返回去了。在买纪念品的时候，服务员给我们讲了一个传说故事。

很久以前，人们把这水洞当作神圣的地方。村里人每年秋天就坐船到里边祭祀。但有一次，人们祭祀完后回来的途中发现有几条船没跟上，村长就派人回去找他们，但进去找他们的人也没有回来。最终那些船都没有回来。有一天，村里来了几位壮士。他们听了这件事后，说愿意到里边看一看。于是，他们坐船到里边去了。但到了第二天他们也没有回来，村里人在洞口焦急地等待着。只有一个人满身鲜血、失魂落魄地逃了出来，说看见一个怪物，身长如龙，爪子如狮，说完就断了气。此后谁也不敢往里走，到如今也是如此。

我去本溪水洞不仅观赏了一幅十全十美的风景图，还听到了这么有趣的传说故事，真让我大开眼界。

（亓华修改自北师大汉院二年级留学生作文）

词语表 Vocabulary

1.	石灰岩	【名】	shíhuīyán	limestone	主要成分为方解石的一种沉积岩。
2.	溶洞	【名】	róngdòng	karst cave, limestone cave	在石灰岩地区地下水长期溶蚀而形成的洞穴。
3.	重峦叠嶂		chóng luán dié zhàng	peaks over peaks, range upon range of mountains	一层加一层，形容山峰起伏，连绵重叠。
4.	仙境	【名】	xiānjìng	fairyland	仙人所居处，仙界。亦借喻景物极美的地方。
5.	深邃	【形】	shēnsuì	deep	深的，幽深。如：～的山谷，～的夜空。
6.	钟乳石	【名】	zhōngrǔshí	stalactite	洞穴内在漫长地质历史中和特定地质条件下形成的石钟乳、石笋、石柱等不同形态的碳酸钙沉淀物。
7.	五光十色		wǔ guāng shí sè	multicoloured	形容色彩鲜艳，花样繁多。
8.	绚丽多姿		xuànlì duōzī	bright and colourful	各种各样的色彩灿烂美丽、五彩缤纷。
9.	彩虹	【名】	cǎihóng	rainbow	日光与水气相映，呈现在天空中的弧形七色光带。
10.	光艳夺目		guāngyàn duómù	bright and beautiful	鲜明艳丽，光彩耀眼。
11.	清澈见底		qīngchè jiàn dǐ	(of water) crystal clear	形容水透亮、纯净，可以看见水底。如：湖水～。
12.	惟妙惟肖		wéi miào wéi xiào	almost like real	描写或模仿得非常逼真。

13. 平添	【动】	píngtiān	to add or acquire sth. unexpectedly	平白或自然而然地增添，会有莫名其妙之感。如：一个词就~几多愁啊。
14. 掉头	【动】	diào tóu	to turn round	（车、船等）转成相反的方向。如：胡同太窄，车子掉不了头。
15. 祭祀	【动】	jìsì	to offer sacrifices to gods or ancestors	置备供品对神佛或祖先行礼，表示崇敬并祈求保佑。如：~祖先。
16. 失魂落魄		shī hún luò pò	to lose one's wits, to seem distracted	魂、魄：旧指人身体中离开形体能存在的精神为魂，依附形体而显现的精神为魄。形容惊慌忧虑、心神不定、行动失常的样子。

四、语法修辞知识：汉语补语的动态表达功能

　　在叙事表达中，汉语与英语最大的不同在于：汉语是动态语而非时态语，这就需要仔细清楚地描摹动态的变化过程和趋向结果，除了要用"着、了、过"等助词表达外，更多的要运用结果补语、趋向补语、状态补语、处所补语等来表示动作行为的结果、趋向、动态或性质状态。而英语等时态语则相对简单，只需动词按规则地变换时态就可以满足表达需要。因此，需要花费更多的时间和精力来熟悉和记忆汉语的动态表达成分，特别是汉语的动补结构。例如：

　　昨天，我去公司上班，看见公司里人来人往、热闹非凡，便连忙跑进去看个明白。正巧看见小刘从对面走过来，我上前抓住他，一问才知道：原来，大家正忙着迎接新上任的经理。为此，很多人提前一个小时上班打扫卫生、整理物品，里里外外收拾得干干净净、一尘不染。

　　上面这个例句虽然在叙说过去发生的事情，却没有用到助词"了"来表示动态的结果或完成。它主要运用了动补结构来流畅地叙述自己的所见所闻：首先使用了结果补语像"看见、抓住"来表示动作的完成，然后使用了趋向补语"跑进去、走过来"来表示动作的动态变化，最后运用了状态补语"收拾得干干净净、一尘不染"来呈现打扫卫生后的清洁状态，而"看个明白"也是状态补语。此外，我们还可以用处所补语来表示动作行为发生的处所，用时间补语来表示动作发生的时间或时点，如"裹挟在人流中"、"鲁迅先生生于1881年，死于1936年"。这五种补语类型在叙述语段或篇章中常常代替助词"了"，因为"了₁"只能表动态完成，不能像结

果补语、趋向补语和状态补语那样准确地摹写动作;"了₂"则会使句子完成,叙述中断,还会与叙事时间发生关联。因而在叙事语段中,常常避免使用"了₁"而采用动补结构形式表示动作实现完成情况。这样不仅使叙事表达流畅自然、一气呵成,而且使动态描摹连贯精准、生动形象,从而达到如临其境、如闻其声、如见其人的写作效果。这也是汉语动态表达的一大特色。

五、作文医生——助词"了₁"与"了₂"的使用规则

很多同学都觉得"了"很难用,不知道什么时候该用,什么时候不该用。首先,我们要明确,汉语是动态语而非时态语,过去时对汉语"了"的使用没有强制性;其次,汉语的动态助词"了"有两个,位于动词谓语后的"了₁"和句尾的"了₂",其使用规则尽管复杂而又灵活,但我们可以简要记住两个规律:

1 什么时候用"了"

一般只有在动作"完成"和情况发生"变化"的时候才会用到"了₁"、"了₂",所以并不是所有发生在过去或表示完成的汉语句子都需要用"了"。

1. 动作完成:我买了菜,晚上回家做饭。
2. 情况变化:夏天来了,越来越热了。

> **课堂练习**
>
> 比较一下"他不在"和"他不在了"的区别

2 什么时候不用"了"

一般在动作没有完成的情况下不用"了",特别是一些心理动词后面不能用;表示经常性、持续性的动词后,或是通常的状况时不用"了";还有就是连动句的第一个动词后和直接引语前的动词不能用"了";再有就是被否定的动词后不用"了"。如下面句子中的"了"均应删去:

① 我决心(了)去中国旅游。
② 昨天晚上我朋友来(了)看我。
③ 我对她说(了):"你的声音真漂亮。"
④ 他请求(了)我帮助他。
⑤ 我去年一直打工(了)。
⑥ 昨天收到妈妈的信,我很高兴(了)。
⑦ 你没写清楚(了)这个汉字,我看不懂。

课堂练习

1. 说说下面句子中"了"的使用情况
   （1）教二楼有打印室，我常常用了。
   （2）我还要在这儿生活三年了。
   （3）我高中学生的时候，希望了学习日语。
   （4）因为两个南门中一个是关了。
   （5）走路十五分钟以内可以到教室了。

2. 判断下面括号中是否要用"了"，说说为什么

   有一年，我从青藏公路进入（　）拉萨（　），沿路看到（　）那些几步一扑、五体投地的朝圣者。他们大都蓬头垢面，衣衫褴褛。在拉萨城，正巧赶上（　）一个佛教的节日，所有的街巷上都流动着转经的信徒。他们背着孩子，牵着羊，全家人裹挟（　）在人流中。他们从怀里掏出（　）大把崭新的钞票，布施给（　）坐在路旁的僧侣和乞丐。

7 景物和地点描写

第6课已涉及景物描写,这一课专门来学习如何有条理地描写熟悉的景物和地点方位。

一、热身互动练习

1 说说你最喜欢哪个季节,尽量多用形容词等文学词汇

常用的描写四季的词组

季节	常用的描写四季的词组
春天	春暖花开　阳光和煦　春光明媚　大地回春　春光无限　春意盎然
夏天	夏日炎炎　阳光灿烂　天气炎热　酷暑难当　草木繁盛　森林茂密
秋天	秋高气爽　万里无云　天高云淡　金秋十月　果实丰收　秋风送爽
冬天	地冻天寒　北风呼啸　大雪纷纷　寒风刺骨　数九寒天　寒冬腊月

2 请用大约100个字来描述下面的景物图片,最后写出景物对你心情的影响

例如:到处都是鸟语花香,让人心旷神怡。
　　　天空中的白云使人心情舒畅。
　　　……

（词语提示：奇峰罗列、形态万千、环绕、倒映、人间仙境、蓝宝石、云雾笼罩、白雪皑皑、拔地而起、各不相连、满眼、连绵不断、镜面、水天一色、大自然、郁郁葱葱、山深林密）

二、景物和地点描写技巧

1 找出描写的线索

面对一个有很大面积、富有特色的地点，我们常常会感觉不知道从哪说起。所以要确定一个描写的线索，就像有一根线，把我们要讲的特点像串珠子一样一颗一颗串连起来，最后就连成一篇井然有序的描写文。常用的有时间线索和方位线索。

1. 时间线索

按照时间发展的顺序描写，把一个地方一年四季，或者一天当中，或者几年、几十年中的变化记录下来，注意要突出不同时间的特色。

2. 方位线索

选择一个中心点，按照方位来分别介绍，常常会用到这样一些词语：东、南、西、北、上、下、左、右、前、后、旁边、不远处、相隔……、……以东/南/西/北、……一带。

2 突出描写的特点

每一个地方因为所处的地理位置、自然环境、人文环境的差异，都有自己的特点，我们在描写地点的时候要抓住这个地方的特色，让没有去过的人在很短的时间里有比较清晰的了解。

课堂练习

参考上面的方位词来描述一下你们学校周边的环境，说明体育馆的位置

我们学校位于……　　学校旁边有……　　……在学校的……边

三、范文阅读

1. 我的故乡

【韩国】金娜延

　　韩国的首尔是我的故乡。首尔约有二十七座山和一条河——汉江。韩国四季分明，每个季节都有特色。我小时候住的地方前面有一座山，名叫牛眠山，这座山的样子像牛在睡觉，所以叫这个名字。因为我从小看着山和河成长，同时在发展的城市中成长，我觉得故乡首尔是一个大自然和现代文明共存的地方。

　　首尔的春天非常活跃华丽。春天，首尔开着各种各样的花，比如说黄色的迎春花，粉红的樱花，还有白色的木莲等。一出门就看到华丽的风景，所以花开的时候，人们都兴高采烈地逛街，或者去公园赏花。因为三月是韩国的新学期开始，就像万物复苏一样，春天让人情绪高涨。

　　夏天，枝繁叶茂的汉江公园有很多人悠闲地散步，而且汉江的夜景格外美丽。夏天江边常常有人观看夜景，放爆竹。首尔的夏天常常天气酷热，但下雨后空气清新，感觉舒爽。

　　秋天不知不觉到来，十一月的首尔到处都是红叶和银杏，秋意浓浓。秋天的天空天高云淡，万里无云，人们常常去爬山观赏红叶。

　　冬天，天空多云，风景比较单调，但是下过大雪后，首尔就像天堂一样美丽。而且首尔旁边有几个滑雪场,去滑雪很方便。

这就是我的故乡首尔的四季风景。因为北京的天气不好,忽冷忽热,今天已经四月一日还刮大风,所以我很想念首尔的天气和美丽的风景。

(贾丹丹修改自北师大汉院二年级留学生作文)

词语表 Vocabulary

1.	眠		mián	to sleep	睡觉。如:失~、不~之夜。
2.	活跃	【动、形】	huóyuè	to be active; lively	行动积极、踊跃。如:~于影视界、气氛~。
3.	华丽	【形】	huálì	magnificent, gorgeous	美丽而有光彩,豪华富丽。如:装饰~、~的衣着。
4.	迎春花	【名】	yíngchūnhuā	winter jasmine	花名。落叶灌木,枝条细长成拱形,花黄色,鲜艳,早春先于叶开放。
5.	樱花	【名】	yīnghuā	cherry blossom	花名。落叶乔木,通常于3月与叶同放或叶后开花。
6.	木莲	【名】	mùlián	*Manglietia fordiana*, cotton rose	常绿乔木。叶子长椭圆状、披针形,花如莲,果穗球形,成熟时紫色。俗称黄心树。
7.	兴高采烈		xìng gāo cǎi liè	in great delight	形容兴致高,精神饱满。
8.	复苏	【动】	fùsū	to wake, to come back to life	死去了又活过来,形容生命不息。如:春天万物~、经济~。
9.	高涨	【形、动】	gāozhǎng	high; to rise	(士气、情绪等)旺盛,饱满;(物价、运动等)急剧上升或发展。如:情绪~、物价~。
10.	枝繁叶茂		zhī fán yè mào	(of trees) to be in leafy profusion	枝叶繁密茂盛。

| 11. | 银杏 | 【名】 | yínxìng | ginkgo tree | 又称"白果树",属落叶乔木,叶片扇形,球状种子似杏子。 |

2. 登长城

【缅甸】王雅思

2004年3月20日,学校组织团队去游览慕田峪长城。我也约了几个朋友,打算随团一起去做一回"好汉"。因为中国有句俗话,叫做"不到长城非好汉"嘛。

我们八点从学校坐车出发。一路上我心潮起伏,有说不出的激动。因为我将要登上闻名世界的万里长城了,它也是我们海外华人的骄傲。车行驶了将近一个半小时后,终于到达了目的地。我下了车抬头一看,哇!这哪是长城呀,展现在我眼前的是一条望不到尽头的长长的阶梯。望着这又陡又长的阶梯,我先前的好心情不由得消失了大半。但我转念又想,可能这阶梯是想让我们尝尝先苦后甜的滋味吧,说不定这阶梯的尽头别有一番风景呢。想到这里,我便兴致勃勃地往上爬了。一路上说说笑笑、歇歇停停,欣赏着路边山下的景色,一点儿也不觉得疲劳。途中,也遇到几个半途而返的同学。我呢却越爬越有劲,暗暗发誓决不能半途而废。爬了近一个小时,一幅壮观的景色终于映入眼帘。

放眼望去,只见万里长城犹如一条巨龙在起伏的山峦中蜿蜒前进,消失在远方无尽的群山中。一幅多么雄伟壮观的图画呀!我站在长城之巅,心潮澎湃。啊!我终于站在了多年以来梦寐以求的地方——万里长城上。古老的长城凝聚了中国古代劳动人民的多少智慧和心血,又导致了多少悲剧事件的发生;它经历了多少年的风风雨雨,又抵御了多少外敌的入侵。如今它仍旧巍然屹立着,以它历经千年而不倒的身躯,彰显着中华民族英勇顽强、坚韧不拔的精神。从它的身上我寻找到了祖先的影踪,不禁潸然泪下。

我和朋友们在长城上奔跑着、欢呼着,我们要在长城上留下我们的足迹。

我们一连走了好远好远，拍下了好多好多照片。或许有一天这些照片会随着岁月的流逝而损坏，然而我已把这壮观的景色用心拍了下来，将它永远地保存在我的心底，永不褪色，毕竟我的血管里流淌着华人的热血。

到了规定返回的时间，我们才依依不舍地下山去了……

（亓华修改自北师大汉院二年级留学生作文）

词语表 Vocabulary

1.	不到长城非好汉		Bú dào Chángchéng fēi hǎohàn.	One who fails to reach the Great Wall is not a hero.	指不登临长城关口绝不是英雄。比喻不能克服困难，达到目的，就不是英雄豪杰。
2.	心潮起伏		xīncháo qǐfú	to feel an upsurge of emotions	心情像潮水一样起伏不定，十分激动、不能平静。
3.	激动	【形、动】	jīdòng	excited; to excite	由于受到刺激而感情冲动，如：心情~、无比~、~人心。
4.	骄傲	【形、名】	jiāo'ào	proud; pride	值得自豪的人或事物。如：古代四大发明是中国的~。
5.	转念	【动】	zhuǎnniàn	to think better of, to reconsider	再一想（多指改变了主意）。如：一~。
6.	滋味	【名】	zīwèi	taste, flavour	比喻某种感受。如：心里不是~。
7.	兴致勃勃		xìngzhì bóbó	having a strong interest (in), full of enthusiasm	形容兴趣很浓厚，情绪很高。
8.	半途而废		bàntú ér fèi	to give up halfway	废：停止。指做事不能坚持到底，中途停顿，有始无终。

9.	犹如	【动】	yóurú	to be just as, to be like	如同，好象。如：急得~热锅上的蚂蚁。
10.	蜿蜒	【形】	wānyán	zigzag, winding	弯弯曲曲地延伸。如：山路曲折~。
11.	巅		diān	top (of a tall and upright thing)	高而直立的东西的顶。如：山~。
12.	心潮澎湃		xīncháo péngpài	to be filled with emotions, to be very excited	澎湃：波涛冲击的声音。心里像浪潮翻腾。形容心情十分激动。如：他面朝大海，~。
13.	凝聚	【动】	níngjù	to gather, to accumulate	聚集，积聚。如：这部作品~着他一生的心血。
14.	巍然屹立		wēirán yìlì	to stand lofty and firm	巍然：极高的样子；屹立：山势直立高耸。比喻像高山一样直立地上，不可动摇。如：~不动。
15.	身躯	【名】	shēnqū	body, stature	身体。如：健壮的~。
16.	彰显	【动】	zhāngxiǎn	to manifest	鲜明地显示。如：人在群体中不要太~自己的能力。
17.	坚韧不拔		jiānrèn bù bá	persistent and dauntless	韧：柔软而结实；拔：移动。形容信念坚定，意志顽强，不可动摇。
18.	影踪	【名】	yǐngzōng	track, trace	身影，踪迹。如：时间到了却不见他的~。
19.	潸然泪下		shānrán lèi xià	to shed silent tears	眼泪不由自主地流下来。如：听完他的身世，我~。
21.	足迹	【名】	zújì	footprint	脚印。指走路留下的痕迹。其后引申到文化等诸多领域。
22.	褪色	【动】	tuì sè	to fade	颜色逐渐变淡，比喻某种情景、意识、本色等逐渐淡漠以至消失。如：永不~。

| 23. | 流淌 | 【动】 | liútǎng | to flow | 液体在流动。如：血液～。 |
| 24. | 依依不舍 | | yīyī bù shě | to be reluctant to leave or part with | 依恋，形容舍不得离开。 |

3. 晚 秋

【白俄罗斯】白瑜

　　小时候，每到放假我便去住在郊区的外婆那里，因为那里很美，夏天枝繁叶茂，一片绿色，冬天整个森林都披上了一件银色的衣衫。但最美的莫过于晚秋，一夜秋风，地上便铺上了一张金黄色的地毯。

　　那年的秋假，我照旧是在外婆那儿度过的。晚秋到来的时候，天空被乌云笼罩着，整个森林看上去都那么昏沉、阴暗，让人充满了压抑感。不过，河里的水却一直是那么清，清得像是一面大镜子，清得可以看到河底各种颜色的石头，我不经意地把手伸进了水里，冰凉的水不由得让我打了个寒战。

　　当一片黄色的或者是红色的枫叶落在河面上时，凉风徐来，它便像一叶翩翩小舟在上面游动，要不就原地打几个转儿。其实，我甚至觉得这小叶子是那么的幸福，它没有落在树林里，没有被风吹走，而成为了一位小"旅行家"，在河上游荡，真让我羡慕。夜幕降临，便开始刮起了冷风。

　　第二天清晨，我就被窗外的美景给陶醉了。一夜之间，地上铺了一层厚厚的白被子，树林穿上了一件由雪作成的白色大衣。这一切变化得是如此之快，就好像是神仙下凡，用他那小神鞭一抽，就把昏沉沉的树林变成了这样。而这时，我所"见识"的那条河流，已不再吵吵闹闹，它已经完全被严寒征服，就只一夜，严寒就让它默不作声了，于是那纷飞的雪花就趁机而落。而在那张白色的厚被子上，不是在这儿，就是在那儿，你可以看到动物的小脚印。你看，这是小兔子的，那是鸟儿的，而这，是神气的驼鹿的脚印。

　　享受人世间最美的景致，不妨秋天和冬天时到森林来走一趟，美景会尽收眼底！

（亓华修改自北师大汉院二年级留学生作文）

词语表 Vocabulary

1.	笼罩	【动】	lǒngzhào	to envelop, to shroud	像笼子罩在上面，遮盖。如：迷雾~着群山。
2.	压抑感		yāyì gǎn	feeling of constraint, sense of depression	指心理上感到受抑制，沉重、烦闷的消极心态。
3.	寒战	【名】	hánzhàn	cold shiver, chill	冷得发抖，不停地哆嗦。如：打~。
4.	翩翩	【形】	piānpiān	(to dance, fly, etc.) lightly	飞行轻快的样子。
5.	默不作声		mò bú zuò shēng	to keep silent	一句话也不说。
6.	尽收眼底		jìn shōu yǎndǐ	to have a panoramic view of	把景物全部看在眼里。

四、修辞知识：词语的理性义和感性义

写文章是因字生句，积句成章，积章成篇，是从词语到篇章的过程。词语是言语表达的基础材料。我们可以把词语的意义概括为两大类：理性义和感性义。所谓理性义是人对认识对象的本质特征或区别性特征的反映，体现出关于人、事、物、行为、过程等的一般概念（词汇意义），或者表现出语句内的结构关系（语法意义），是人对万事万物理性认识的结果。这种意义我们通常查词典就能获得。所谓感性义，是指附着在理性义之上表达人或语境所赋予的特定感受义，也称感性色彩。词语的感性色彩多种多样，如感情色彩、态度色彩、形象色彩、语体色彩、风格色彩、时代色彩等。这里仅就词语的感情色彩、态度色彩来详细说明。

人们在描述事物和论述问题时一般都持有一定的情感、态度和立场，或褒奖、喜爱，或贬斥、厌恶或不带褒贬、爱恶色彩。于是，在词汇系统中就形成了所谓的褒义词、贬义词和中性词三类。要判断一个带有感情色彩的词语运用得是否恰当，既要辨析其感情色彩，也要辨析该词所在的语境的语用色彩。例如：

① 他是个忘恩负义的小人。（贬义）
② 他是个助人为乐的好人。（褒义）
③ 他是个普通平凡的老百姓。（中性）

由于表达的需要，在汉语词汇系统中就形成了褒贬色彩不同的同义、反义词群。

汉语的褒义词、中性词、贬义词举例

褒义词	中性词	贬义词	褒义词	中性词	贬义词
成果	结果	后果	名誉	名声	臭名
赞美	评说	奉承	高见	意见	偏见
赞成	同意	附和	技能	技术	伎俩
谨慎	小心	拘谨	娇羞	害羞	羞耻
教育	批评	指责	认为	觉得	以为
果断	决断	武断	坚强	顽强	顽固
呕心沥血	劳神费力	处心积虑	大张旗鼓	宣传鼓动	鼓吹煽动
再接再厉	更进一步	变本加厉	目光远大	目光长远	目光短浅

在叙事、抒情和论述中，恰当使用褒、贬、中性词语，可以鲜明地表明作者的立场、态度和情感，增强文字的感染力量，提高语言表达的效果；反之，就不能准确地表达思想感情，容易引起误解，甚至造成立场观点的错误。因此，需要我们认真学习区分。在语言的使用中，常出现的问题是，贬义的语境误用褒义词。例如：在一次战役中，一位军官向元帅报告："报告首长！敌人撤退了！""不！你应该说'敌人逃跑了'。"元帅纠正道。这位元帅注意到了词的感情色彩。有时人们在褒义的语境中也会误用贬义词。例如，"老太太六十六岁，身体健康，老于世故，人情练达"。原本是夸老太太人缘好，很会为人处世，但"老于世故"有过于世故的贬义色彩，与词典上的"表示有社会经验，有善于处理各种情况的能力"的释义有语用义的差异。所以，我们平时要特别留意词语的感性意义。

五、作文医生——汉语词语的使用问题

我们在作文表达的时候，查词典往往只能得知某个词语的理性意义，而词语的感性意义和语用意义等附加意义很难靠词典来解决，只能在语言使用中日积月累，这期间出错是难免的，因此需要我们在不断修改中掌握词语的附加意义。请看下例：

①他常常跟我开玩笑，所以我想<u>回报</u>他。
②我很喜欢我的小狗，可是去年它<u>终于</u>死了。
③我名字的意思是<u>恩典</u>的恩，种植的植，所以从小到大我都在给别人<u>恩典</u>。
④这次旅行让我<u>没齿不忘</u>。
⑤我喜欢交朋友，但是跟不熟悉的人说话不太<u>得意</u>。
⑥他们都是<u>贵重</u>的人们。
⑦希望学习结束以后，我的汉语水平会达到我所想的<u>地步</u>。

以上七句中画线的词在感情色彩义和语用义上都存在问题。例1中"回报"的意思是别人对

我好，我要加倍还给他，是个褒义词，而句中所要表达的却是：如果别人对我不好，我要对他更不好，应用贬义词"报复"。例2中"终于"虽有"最后"的意思，但往往表示通过努力达到理想的结果，是自己希望发生的事情，因此，这里应用"不幸"。例3中"恩典"一词含有身份地位的尊卑差异，通常只用于身份地位较高的人，这里可用"施恩"或"恩惠"一词来代替。例4中的"没齿不忘"指恩人的帮助或恩情等一辈子也忘不了，指的是得到别人的大恩情一定要回报的意思。而旅行最多是"终生难忘"罢了。例5的"得意"，原指满意称心或骄傲自满，这里应为"自在"。例6的"贵重"只能指物不能指人，应改为"可贵"。例7的"地步"是中性略带贬义词，指境地或事情发展的程度（多指向下发展），这里用"程度"更合适。

总之，在作文中使用词汇的时候，不仅要明确它本身的理性含义，还要注意词汇的感性义，特别是感情色彩和语用规则，只有这样才能准确、恰当地表达自己的意思。

课堂练习

请看下列一组手机短信，并说说它们在语用上有什么问题，是否得体

1. 学生：你好，我只想告诉你我今天就回美国。请继续联系！

   老师：那祝你一路顺风！我的电脑近日不能上网，等修好后我给你发邮件。

   学生：好，随便。再见亓老师！祝你春节快乐！

2. 圣诞节，亓老师收到已经毕业并在河北大学教书的日本留学生小林的贺信：

   小样，死性不改……手机一响就看，明明是想我了还不承认，还在装，唉……你就按吧……还按啊……见你乖，奇迹出现了，送你的礼物：圣诞快乐！在雪花还没飘下，圣诞老人还没睡醒，圣诞树还未长高，袜子还没挂上窗前，大家的祝福还没有漫天弥漫之前，先祝你圣诞快乐！

写事记叙文

这一课我们要学习如何通过我们的描写，把一个完整的事情经过告诉别人，从而表达自己的感情。我们把以写事为主的记叙文叫做"写事记叙文"。

一、热身互动练习

1 老师在不同的纸条中分别写上"开心、惊喜、难过、倒霉、难忘、有趣、幸运、后悔、震惊、恐惧、失望、担心、幸福……"请同学来抽取，抽到的同学按照纸条的关键词说说自己遇到的一件这样的事情。例如抽到"开心"，就给大家介绍一件开心的事情

2 阅读并修改下文中的语病，说说作者遇到怎样一件倒霉的事

一件倒霉的事

　　在北京我的一件最不愉快的一件事是今天正在碰了。今天我和朋友一起去餐厅吃饭了。在哪个餐厅，先我要结账，我得收条以后，我可以的菜。所以我去登记。我要两个收条，两块收条和三块五收条。先我支付两块，所以我可以得收条。以后我支付三块五，可是服务员给我两块的收条。虽然我给她三块五，但是服务员给我两块的收条！而且服务员态度真不好。收条没买成，倒生一肚子气了。

二、写事记叙文的写法

1 把事情的时间、地点、人物和事情的发展讲清楚

并不是说每一篇作文都必须写上上述内容，而是根据表达的需要，要确保看文章的人能明白这是在一个什么样的环境下，有什么人，做了什么事情。

2 记叙文的叙述顺序

1. 顺序

大多数情况下，我们选择按照时间发展的顺序来记录事情的过程。通常我们会用到"接着、接下来、后来、然后"等这样表示时间发展的词。

2. 倒叙

这是一种回忆的方式。先简单说出自己的感受，接下来开始叙述，吸引读者继续读下去。

3. 插叙

在正常的叙事过程中暂时中断，插入一段回忆，然后继续叙述。这种方法在我们最开始的作文练习中不常用，但还是希望同学们以后能不断尝试，提高自己的写作水平。在叙述文章的时候，可以插入这样的一些话，引出你要讲述的事情：

看到这样的情景，我不由得想起那年夏天……

这张照片让我想起了一个人。那是……

3 突出特定事件中的人物

记事作文最终也会突出事件中人物的特点，我们要注意对人物语言、神态、动作、心理活动等的描写，把事情写清楚，把人物写生动。我们每天都在经历各种各样的事情，它们都有各自的关键词，这些就像书签一样，保存在我们的记忆中，在完成作文的时候，要准确地选材，细致地描述。

三、范文阅读

1. 我学汉语的一件趣事

【泰国】王燕荣

以前我曾经学过一年汉语，但在朋友眼里我的水平很棒，因为他们基本上都不会汉语，不管怎么样我总要比他们好一些。那时我讲什么，他们都听，说错了，他们也听不出来。有一次，我闹了一个笑话，到现在每个人都还记得，

让我来讲讲这个有趣的故事吧。

有一天，一个朋友来找我，说有急事要我帮忙。原来是他喜欢上一个漂亮的会说汉语的女孩子，不敢告诉她，想给她写信。"但一般的信怎么能让她感动呢？我要给她写汉语的信。你一定要帮帮我！"他很信任地对我说。我听了才明白，哦，他要我帮他写情书，而且是用汉语来写，我觉得不太难，很高兴就答应了。

"亲爱的姑……"，是"姑娘"还是"姑妈"呢，这两个词我都学过，但是忘了是不是意思一样。但是我知道在汉语里"妈"和"娘"是一样的意思，所以我很有信心地告诉他，没关系，这两个词意思一样，用哪个都可以。于是，我就这样开头了："亲爱的姑妈，我很喜欢你，你吸引了我，我从来没有见过像你这样漂亮的姑妈……"

朋友拿着我写好的信高兴地走了，我也快乐地等着他的好消息。但是没想到有一天他很郁闷地来找我，说那个女孩看了信非常地生气。我这才明白我写错了。其实在汉语里"姑妈"和"姑娘"的意思差很多，"姑妈"是爸爸的姐姐或妹妹，"姑娘"是年轻的女孩。以后我学汉语可要仔细一些了，再也不敢随便夸我的汉语水平了。

哦，对了！虽然我写信用错了字，但是他们现在已经交往了两年多了，关系一直很好，也算是我帮了他们呢。现在我的朋友们都还记得这件事，经常拿它来逗我，还说我是个很好的媒人呢！

（贾丹丹修改自中央财经大学语言进修生中级班留学生作文）

词语表 Vocabulary

1.	情书	【名】	qíngshū	love letter	专指男女间用来表白爱情的书信。如：一封~。
2.	逗	【动】	dòu	to tease, to play with	引，惹弄。如：~哏（gén）、~笑。
3.	媒人	【名】	méirén	matchmaker	婚姻介绍人，泛指做中介的人。

> **课堂练习**
>
> 阅读上文,把时间、地点、人物、事情的起因、经过、结果用线画出来。看看哪些是一定要有的,哪些是可以简单说明的,甚至是不用说的

2. 包饺子

【美国】凯瑟琳

中国人说"民以食为天",真是一句很有道理的话。来到古都北京,我发现中国有许多美味的食物,特别适合贪吃的我。短短的三个星期中,我们去了许多有名的餐厅品尝名吃,像全聚德的烤鸭,北海的仿膳。晚上的好节目就是逛王府井东安夜市,那里的"小吃一条街"上摆满了各种北京的风味小吃,远远的就可以闻到香味,没花多少钱就让我们都大饱口福。

各种各样的美味诱惑着我,我这也尝尝,那也试试,不过最好吃的还是北京的饺子。我第一次吃饺子是在一家饺子店里,很多不同味道的饺子,有些是煎的,有些是蒸的,里面裹着猪肉的饺子特别好吃,让我好几天都忘不了。

没想到一个偶然的机会,我又一次品尝到了饺子的美味,而且还自己动手试着包了一个。那天我们到中国老师家拜访。在老师的家里,一进厨房,我们立刻发现一张张圆圆的盖帘上一圈一圈地摆满了白白胖胖的饺子,上面捏上了一排整齐的花边,正等着放进锅里煮呢。我们看着一只一只饱满可爱的饺子,却怎么也想不出包饺子的门道来。看到我们好奇的目光,老师把一张面皮递到了我的手中,让我们也来试试。怎么包呢?老师笑着把一团馅放在我手上

的面皮中央,告诉我怎样把面皮对折,再把上面的边捏到一起。面皮软软的,在我的手中却变得很不听话,捏出来就像是一只瘦长瘦长的老鼠。正当我手足无措的时候,旁边闪光灯一亮,我笨拙的样子被抢进了镜头。

晚餐开始了，老师为我们准备了不少的菜，可是一开始，大家谁都吃得很少，不是不好意思，而是都想在胃里给没出锅的饺子留点儿空间。饺子一上桌，大家的筷子就闲不住了，特别是男孩子们面前的那只盘子，几乎是一扫而光。我的胃早已撑得超过了限度，可手还是抵挡不住美味的诱惑，又向盘中伸去，一只水灵灵的饺子跳进了我的盘子，我一看，真巧，正是我包的那只"老鼠"。

（选自《人民日报》1998.8.12，作者为北师大汉院留学生）

词语表 Vocabulary

1.	北海仿膳	【专名】	Běihǎi Fǎngshàn	Fangshan Restaurant in Beihai Park	指北京北海的仿膳饭庄。意为仿照御膳房的制作方法烹制菜点，主要有清宫糕点小吃及风味菜肴。
2.	诱惑	【动】	yòuhuò	to lure, to seduce	引诱迷惑。
3.	盖帘	【名】	gàilián	round vat lid made of sorghum stalk	用高粱秸、玉米秸等做成的圆形用具，用来放饺子、包子等食品。
4.	饱满	【形】	bǎomǎn	full (of), filled (with)	丰满又充足。如：精神～、情绪～。
5.	捏	【动】	niē	to knead, to mould	用手指把软东西弄成一定的形状。如：～饺子。
6.	手足无措		shǒu zú wú cuò	to have no idea as to what to do	措：安放。手脚不知放到哪儿好。形容举动慌张，或无法应付。
7.	笨拙	【形】	bènzhuō	clumsy, awkward, stupid	反应迟钝，手脚不灵活的、动作难看的。如：举止～。

8. 撑	【动】	chēng	to fill to the point of bursting, to unfurl	充满到容不下的程度。如：肚子~大了、~起雨伞。
9. 抵挡	【动】	dǐdǎng	to withstand, to ward off, to resist	阻止……向前，抵抗。

3. 在中国学武术

【日本】松居聪

我一向对武术有兴趣，以前我在日本学过空手道。去年九月来到中国后，我便产生了学习中国武术的想法。说来也巧，我偶然从报上看到一个武馆招生的启事，该武术的流派是"意拳"。我马上给他们打了电话，约好去看他们练拳。

在西单附近的一所小学的院子里，武术老师给我介绍了他们的活动情况。然后他说："意拳重视实战性，没有太极拳那样的动作程序。为了让你理解，我给你露一手。"他让我站在一道砖墙的前边，"准备好！"说着他轻轻地推了我一下，没想到，我竟被猛烈的冲击力撞在墙上了。老师是位五十来岁的人，而且他的身材比我矮小，我感到这股力量非同一般，想必是气功那样的不可思议的力量吧。但老师却告诉我："我们训练的不是气功，而是发出力量的办法。意拳的理论符合人体的生理构造，只要正确地控制身体，就可能发出巨大的力量，'意拳'的'意'字是指精神意志控制肢体的意思。"我当场下定决心要跟师傅学习意拳。

我每周去学三次，我们所在的那所小学的建筑是瓦顶的四合院样式，洋溢着古老而浓郁的中国气息。早上九点我们开始练习。秋风轻轻地吹拂，小鸟唧唧喳喳地鸣叫，金秋的北京温馨而清爽，随着时间的过去，汗水湿透了衣背。真是爽快极了。

尽管彼此语言不大通，但同学们并不认生，都非常热情地伸出友好之手教我怎么运手，怎么动腿，为提高技艺而互相切磋。尤其是练散打时，虽互相打斗，但宗旨决不是制伏对方，而是双方在一招一式的协同下，修身养性，使身体、动作和意念高度谐调。在这里存在着某种超越语言的精神交流，通过练武可以培养起互敬互爱、互助互学的精神。

凭借练武我跟值得尊敬的人们结识了。直到现在我还和武馆的中国朋友保持着联系，而且我希望能保持到永远。我的目的是以武会友，广交天下朋友。

（亓华修改自北师大201年级进修生作文）

词语表 Vocabulary

1.	空手道	【名】	kōngshǒudào	karate	日本的一种拳术。
2.	露一手		lòu yìshǒu	to make an exhibition of one's abilities	（在某一方面或某件事上）显示本领。如：给大家～。
3.	猛烈	【形】	měngliè	fierce, violent	迅速而剧烈。如：～撞击。
4.	撞	【动】	zhuàng	to crash, to collide	运动着的物体跟别的物体猛烈碰上。如：～一下、～人、～车。
5.	不可思议		bùkě sīyì	inconceivable	无法想象，难以理解。如：～的事。
6.	洋溢	【动】	yángyì	to brim with	热烈的感情充分地流露出来。如：脸上～着幸福的笑容。
7.	浓郁	【形】	nóngyù	(of a smell, etc.) strong, rich	（花草等的香气）浓重。如：～的香味、味道～。
8.	唧唧喳喳	【拟声】	jījizhāzhā	chirp, twitter	原意是指鸟儿聚集在一起欢快的叫声，形容热闹的场景。
9.	温馨	【形】	wēnxīn	gentle and fragrant	温和芬芳，令人舒适。如：～的环境、～的家。
10.	湿透		shī tòu	to be drenched	被液体浸透。如：汗水～了衣服。

11.	切磋	【动】	qiēcuō	to learn from each other by exchanging views	比喻道德、学问方面相互研讨勉励。如：~交流。
12.	谐调	【形】	xiétiáo	well-matched, harmonious	和谐协调。如：色彩~。
13.	超越	【动】	chāoyuè	to exceed, to surpass	超出、越过。如：~历史、~自我。

4. 难忘的北师大运动会

【泰国】秦国卿

2008年10月31日，我们的大学举行了精彩的运动会。因为是一年一度的运动会，所以同学们都显得特别兴奋。运动会的那天，我们班穿上了白色的运动服，走进了运动场。

首先是开幕式，只见全体同学迈着整齐的步伐，喊着响亮的口号，精神抖擞地走进了运动场。全体同学都来到了指定位置上后，运动会开幕仪式开始了。校长在广播里发言，随后是一个集体舞表演，这个表演场面宏大、气势恢弘，不仅展现了北师大教职工的英姿飒爽的魅力风采，也吸引了场外师生们的目光。

开幕式一结束，紧张的运动会就开始了。比赛项目很多，有跑步、跳远、跳绳、火车跑、编绳子、绑腿跑等等，而最吸引我的是绑腿跑。运动会之前的一天晚上七点左右，我们班在主楼前训练绑腿跑。训练的时候，我们有很多困难，因为这个比赛项目

必须由二十个人一起参加，可是每个人都有自己的想法，动作难以协调一致，所以应该有一个人帮我们解决问题，让我们能顺利地比赛。最后训练了两个小时，效果还不错。参加绑腿比赛时，我们全班同学都特别认真用心。你猜！结

果怎么样？我们班得了第二名。比赛仍在继续着，我们班还要参加编绳子、火车跑。可是火车跑和编绳子这两个比赛项目我们都输了，因为我们没练过，比赛时我们一下子摔倒了，感到很不好意思。俗话说得好："台上一分钟，台下十年功！"运动员要想在比赛中取得好成绩，平时得好好练习才行！

　　运动会虽然结束一段时间了，但是每当回想起这次运动会，我就感慨不已。它给我带来了很多美好的回忆，让我们永远忘不了这次运动会，也永远忘不了那些激动人心的场面和那种激动兴奋的心情。

（亓华修改自《留学北京——留学生优秀作文选刊》）

词语表 Vocabulary

1.	精神抖擞	jīngshén dǒusǒu	energetic, in high spirits	形容精神振奋。
2.	气势恢弘	qìshì huīhóng	grand and magnificent	气势非常宏大，场面非常壮观。
3.	英姿飒爽	yīngzī sàshuǎng	valiant and heroic in bearing	形容英俊威武、精神焕发的样子。
4.	感慨不已	gǎnkǎi bùyǐ	with myriad deep emotions	形容感触很深很多。

课堂练习

以《记一件××事》为题，考虑一下写这篇文章应该注意什么

四、文体知识——汉语书面语体的特点

　　大多数作文都要求用书面语写作，有的文体还需要用更礼貌、正式的语体。所谓"书面语体"是指现代汉语的正式或典雅的语体。书面语有很强的韵律和节奏，表达受到韵律语法的制约。汉语书面语体的特点是：

1. 从古汉语里来的一批单音节文言词组合成双音节才合法。例如:"普遍访"、"我们校"、"强国家"、"中国药"等就不合韵律语法的要求。书面语常有一些与口语语体中单音节词相对应的双音节词,例如:给—给予、买—购买、看—观看、脏—肮脏、好—美好、河—河流、树—树木,等等。

2. 把现代汉语中的双音词用单音词替代。例如:如果—若、互相—相、立刻—顿,等等。

3. 还有一批双音节的现代书面语词汇,要求至少和两个(或两个以上)音节搭配。例如:无法、禁止、经受、进行、加以、难以、善于、从事,等等。

4. 量词中一些带书面语体色彩和形象描写色彩的名量词和复合量词。例如:尊、叶、轮、人次、批次、架次,等等。

5. 有大量的四字格成语,一般都不能带宾语。例如:不闻不问、同床异梦、莫名其妙,等等。

6. 使用大量的口语中没有的书面语句型,有些是来自文言文。例如:"为……而"、"A 而又 B"、"备受 V"、"言必称……"、"集……大成"、"以……为",等等。

7. 有些是来自翻译的欧化句式,特点是状语、定语和补语增多,反讽句、排比句叠现。例如:我们浪费掉了太多的青春,那是一段如此自以为是,又如此狼狈不堪的青春岁月,有欢笑,也有泪水;有甜蜜也有荒唐;有自信,也有迷茫……

8. 口语多用单音节词,俗语、俚语、熟语、歇后语、方言等都是口语的常用语料。表现感情色彩的后缀成分、表现情态作用的重叠成分和表现语气口吻的语气词与感叹词在口语语体中一般也用得比较多。书面语包含了大量表示抽象概念的词语和术语,常常保留不少古汉语成分,古代诗词名句广为引用,口语中常见的俗语、熟语、歇后语等在书面语中也能用到。

课堂练习

参考括号内的提示,用书面语词或成语,完成下列句子

1. 以前我练习钢笔字,现在_____毛笔字了。(改练习)

2. 听了他的话,我_____自己的责任重大。(顿感觉)

3. 他决定坐船游阳朔,一路上可以_____漓江山水。(尽量看)

4. 中国选手_____在非洲选手之后,获得马拉松比赛的亚军。(紧跟随)

5. 他总是说谎,他的话让人_____。(很难信)

6. 她去王府井买了许多东西,_____。(用成语表示高兴地回来)

7. 各个国家的留学生可以享受自己国家的_____。(用成语表示好吃的菜)

五、作文医生——常见句际连接手段的问题

初中级水平汉语言专业的留学生,叙述语段连接手法比较机械单调,最常见的问题主要有以下三类:

1 连续用助词"了"表示动作接连完成

例1:昨天上午他开车进城了。他进了城就去书店了。他买了两本书了。他买了书就去看电影了。他看了中国电影了。下午十二点他去饭店吃午饭。他吃了午饭就去游泳了。他游泳游得不错。他游了泳就去花店了。他买了一束花了。

2 连续使用时间连接词语"……的时候"、"然后"

例2:在东方明珠塔下面的时候,我有点儿晕。去外滩的时候,夜景很漂亮。我做了船。坐船的时候,我的心情非常爽快。下船的时候,我真惋惜。

3 连续使用因果关联词"所以"

例3:我的性格是安静的,所以经常一个人在家里。一个人在家里的时候,我看电影、看书。所以我的爱好是看电影、看书和电脑游戏,或者一个人去咖啡厅,去书店。我要去上大学,所以考试的时候认真准备,所以我和父母也交换了想法,父母了解了我的意思,所以我也明白了父母的意思。

课堂练习

修改语段

1. 我今年二月底第一次来北京了。那时候,雾大了。北京比我想象的地方更好了。环境比较干净,人也太热情了。我以前的学校里跟中国朋友有很多交流。他们感到自豪是中国人的。他们爱自己的国家。他们对我适应中国很有帮助了。把在北京有名的地方和中国文化介绍到我。所以我对中国所有的东西越来越感兴趣了。

2. 在南京路有很多人,所以我很吃惊。在那儿我看了各种各样的人,还有很多东西。所以我很开心。以外我去了世博会。在世博会,人太多。排队的时候,有的人加塞儿。所以我和朋友们有点儿生气。我没看韩国馆,因为排队很长。所以我真可惜。以后我又去了世博会。但是没去的国家馆非常多。

写人记叙文

我们每天生活当中要接触很多人，父母、同学、老师……一个人的样子、性格、语言、行为往往能给我们留下深刻的印象，值得写下来，记在心里。如何把一个活生生的人记下来，让人一看，就像是看到照片一样亲切熟悉呢？

本课中我们除了练习写一个人的外貌、动作和心理之外，还要把每个人与众不同的特点，比如性格、爱好等全面地描写出来，只有这样才能真正准确地把握一个人的个性特点，让别人能通过你的描述了解这个人。

一、热身互动练习

1 读后写

将全班同学的名字做成名签，请全班同学抽签，然后阅读下面的范例，每个人用不超过60字描写签中的同学，不要写出他/她的名字，最后让我们来猜猜是谁，看他/她描写得是否真实准确。

【例文】

1. 全娥兰（朴峰徹写）

   她是韩国人，戴眼镜，个子不太高。我跟她除了这门课以外，别的课也一起上。她来上课时差不多都带着饮料。她的性格比较安静。她的手机和我的手机一样。

2. 韩艺真（朴喜兰写）

   （我想先说对不起你，虽然不是不认识你，但记不住你的名字，请原谅我吧。）

   她总是红红的脸上带着微笑。有的时候看起来好像小学生一样很单纯。有的时候好像窈窕淑女。每次上课的时候很认真。看起来是一个爱写作的很安静的学生。

3. 崔贤淑（裴上仁写）

坦白地说，我对她不太熟悉。甚至我刚刚知道了这个名字的主人是谁。可是我觉得她应该是个很认真、很诚实的学生。我记得她好像没有旷过课，迟到过。她长得也是如此。

> **提示**
>
> 同学们写得非常用心，尽管言语不多，但往往只用短短几句话就把一位同学的特点表现出来了。
>
> 通过这个练习我们发现，每个人都有一些属于自己的特征，只要把这些特征描摹出来，人们马上就会猜想到是这个人。

2 课堂练习——肖像描写

先学习常用外貌描写的词汇，然后用50个字描写自己的外表体态。

汉语肖像描写常用词语

身材	高大　魁梧(kuíwu)　矮小　瘦弱　苗条　匀称
脸型	圆脸　瓜子脸　方脸　娃娃脸　马脸　驴脸
发型	女：齐耳短发　齐肩短发　披肩长发　马尾辫　卷发　直发
	男：平头　寸头　分头　卷发　背头　光头　鸡冠发
眼睛	炯炯有神　明亮　暗淡　浑浊　眼大无神　迷惘　失望　好奇　朦胧　牛眼
嘴巴	樱桃小嘴　厚嘴唇　薄嘴唇　嘴唇撅得老高
鼻子	高鼻梁　趴鼻子　蒜头鼻（不太礼貌）　鹰钩鼻（不太礼貌）
性格	开朗乐观　幽默风趣　内向　外向　独立　傲慢　任性　慢性子　急性子
为人	热情友好　慷慨大方　坦率诚实　礼貌随和　冷淡自私　大公无私

> **提示**
>
> 突出特点，不要面面俱到，注意感情色彩。如有的同学这样描写妈妈，就是丑化了妈妈，跟自己想要表达的意思相矛盾：
>
> 我妈妈个子矮矮的，身材胖胖的，头发黑黑的，眼睛小小的。

二、人物描写的技巧

写人作文需要从人物的肖像、语言、动作、心理等方面去描写。

1 外貌描写

首先我们要练习肖像描写。描写人物必须要描写一个人的面孔，这是人外表中最有特色的部分。在描写人物的时候，眼睛、鼻子、嘴巴、眉毛，以及脸型、头发、胡子、耳朵等有时候也会成为描写的重点。"大、小、高、低、粗、细、长、短"这样的形容词是我们最常用的。比如"大眼睛"、"高鼻子"、"长头发"、"高个子"，等等。

例1：只见他高高个头，上身略微前倾，不胖不瘦，头发有些花白，额头上有几道皱纹，戴着一副老花镜，慈祥的目光从镜片后射过来，微笑地看着我们。

例2：小姑娘大约十五六岁年纪，长得很秀美：瓜子儿脸，细长整齐的眉毛，两只眼睛像油漆一样黑里透亮，微微上翘的鼻子和含笑的嘴唇，还留着一丝孩子气的纯洁和天真。

例3：她是一位芬兰姑娘，今年26岁，个子矮我一头，身材匀称，不胖不瘦，凹凸有致。她原本棕色的头发染成了金色，留着披肩长发，平常梳成马尾辫，把头发拢在耳朵后面，显出一张光滑白净的脸庞。……

2 动作描写

人的动作非常复杂，记录下人的动作，才能把一个人写活。在描写动作的时候我们要特别注意动词的选择和动作的连贯。

例1：妈妈赤着双脚，裤管挽得很高，弓着腰，上身前倾着，锄头在她手中上下挥动着，汗水从额头上流淌下来。

例2：我试探着，慢慢地下了水，先在水浅的地方用手按着水底，然后用腿不停地拍击水面。"啪、啪……"不大一会儿，我的腿又酸又麻。教练把我推到水深的地方去，叫我憋气、蹬腿和划水，我用心听着。我按教练说的方法去游，刚开始，身体沉了下去，"咕咚，咕咚"两口水进肚了。我不气馁，坚持练了一个下午，身体不沉了。我高兴地游了起来，水面溅起一串串浪花。

课堂练习

课间时,你发现自己忘带作文本,要回宿舍去取,顺便把U盘也带来,路上先后遇到了三位朋友。请你把这个过程写出来

提示

把动作连起来的时候需要一些表示动作连贯和时间延续的词汇。这样的词有:……(时间)后、突然、这时、就在同时、马上、紧接着、直到、不一会儿……

3 心理描写

人的心理最难描写,心里想的很难用语言表达。常用心理描写的词语有:喜悦、悲悯、郁闷、焦虑、憎恶、惊慌、惧怕、恐怖、怨恨、哀愁、愁眉苦脸、勃然大怒、心平气和、愤愤不平、忧心忡忡、心花怒放、心乱如麻、乐极生悲。我们先试着把自己内心的活动写下来,然后再去猜测并描写别人的心理活动。

例:我叫李行(háng)。大人有时跟我开玩笑,叫我一行(háng)两行(háng),还有的叔叔阿姨故意逗我:"李行(xíng),你行(xíng)不行(xíng)?"我仔细一想:"这哪里是开玩笑呀,分明是长辈对我寄予的厚望啊。我暗下决心,要以优异成绩考上中学,上大学,当科学家,发明超光速宇宙飞船,去探索宇宙的奥秘。我要让外星人都啧啧(zé)称赞我——"李行,你真行!"我一直这样想着,心里总是乐滋滋的。

课堂练习

你坐公共汽车，人很挤，下车后发现自己的书包里多了个钱包。这时你有什么样的心理活动

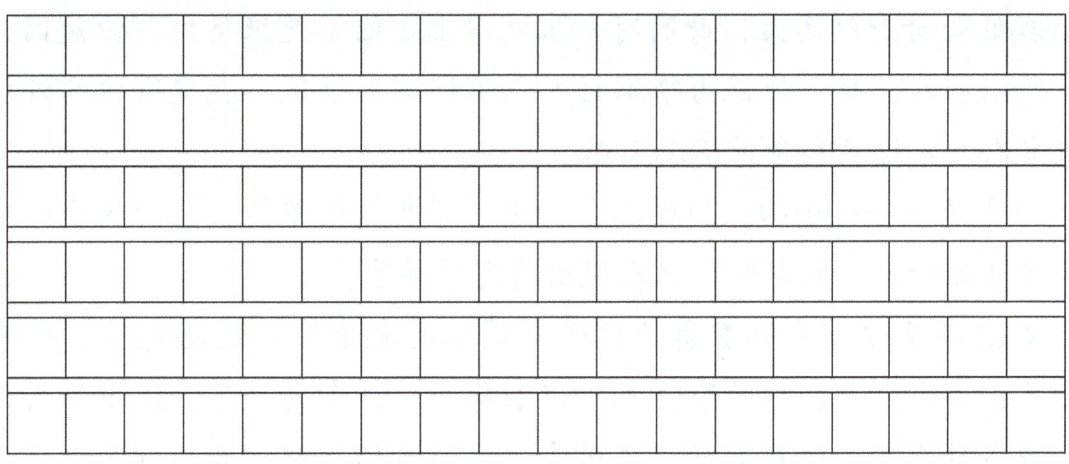

4 语言描写

语言描写是塑造人物形象的重要手段，包括人物的独白和对话。成功的语言描写总是鲜明地展示人物的性格、思想感情，深刻地反映人物的内心世界，使人如闻其声、如见其人。

课堂练习

下面这段心理独白说明作者是个什么样的人

"如果我有一万块钱，我会给睡在天桥底下的老伯买一床被子，因为一万块钱不够买房子。我不明白他的儿子为什么在他老子好不容易把他教养成人后又放弃做人，连个最起码的孝道都不懂，可想而知，他是淡忘人这个概念了。不过说了这么多，我还是没有看到一块钱往我钱包里跑的迹象。"

三、范文阅读

1. 我的哥哥

【日本】柚木慎吾

我的哥哥身材高大,身高有一米九以上。他不是很英俊,但是因为他个子高,所以引人注目。他视力很不好所以不得不戴眼镜。我觉得他的外貌是典型的日本人。不过我和哥哥不怎么像。

哥哥是一个很小心谨慎的人,如果有了想做的事情,他会先查一查,考虑以后才开始行动。所以他很少表现出着急的样子。

不过我见过一次他着急的样子,是知道妻子怀孕的消息后。那时他既高兴,又担心。也是,别的事情都可以准备一下,考虑一下,这个事情恐怕很难提前准备什么了。他在电话里告诉我这件事情的时候,开始什么都不说。我觉得是因为他不知道怎么告诉我,后来是在嫂子的帮助下才说了出来。那时他的声音充满幸福,充满活力。我从来没听过他那么高兴的声音呢!

我相信,他能成为一个既有责任感又顾家的好爸爸。

(贾丹丹修改自北师大二年级留学生作文)

思考回答

在"我"的眼里,"哥哥"是怎样的一个人,他最突出的特点是什么?

词语表 Vocabulary

1.	英俊	【形】	yīngjùn	handsome	俊美并有英气。如:相貌~、~的男士。
2.	谨慎	【形】	jǐnshèn	careful, prudent	对外界事物或自己的言行密切注意。如:小心~。
3.	怀孕	【动】	huáiyùn	to be pregnant	女性有了胎。如:她已经~三个多月了。

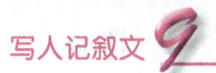

| 4. | 嫂子 | 【名】 | sǎozi | elder brother's wife | 哥哥的妻子。 |
| 5. | 顾家 | 【动】 | gù jiā | to care for one's family | 顾念家庭，多指照管家务等。
如：他很～、他是个～的男人。 |

2. 我的老师

【韩国】申旻静

我的老师身材不高，并不是苗条的身材。她的发型是齐耳短发，有点儿卷，在韩国也叫"阿姨发型"。她的脸型是圆脸，真可爱！眼睛和鼻子都是圆圆的，樱桃小嘴。

她是很富有幽默感的人之一，特别是上课的时候让我们很开心。而且她也是一个很细心的人。她讲的课不是那么容易，不过课本所有的内容我们都能听懂，她给我们批改作业的时候也非常细心。

她的另一个特点是对我们很关心。我们班的大多数人都没有时间吃早饭，所以有时候，老师给我们准备早餐，上课时允许我们吃东西。因此我们很感谢老师。我非常喜欢这位老师！

（贾丹丹修改自北师大二年级留学生作文）

思考回答

在"我"的眼里，"老师"的外貌和性格特征是什么？

词语表 Vocabulary

| 1. | 樱桃 | 【名】 | yīngtao | cherry | 一种水果，红色，味甜。
如：～树、～红。 |
| 2. | 幽默 | 【形】 | yōumò | humorous | 诙谐风趣而又意味深长。
如：～故事、～一则、真～。 |

| 3. 批改 | 【动】 | pīgǎi | to correct, to revise | 修改文章、作业等并加批语。如：~作业、~作文。 |

3. 难忘的同屋

【日本】岩田贤明

对我们留学生来说，不管遇见什么样的同屋，都影响着我们的学习和生活。因此不管是谁都希望自己能碰到一个好同屋。

一年以前，在天津南开大学，上帝给我安排的同屋是一个非常有趣的人，至今令我非常难忘。他是土耳其人，叫古尔罕。我到宿舍的时候，他还没有从土耳其回来。听说他已经在南开大学读了一个学期，现在回家过寒假。在他没有回来的那段时间里，很多人看见我的房间灯开着，以为"他"回来了，就敲门找他。于是我每次都得说"他还没回来"。由此，我知道了他有很多朋友，很多人喜欢他。

终于他回来了。他是以访问学者的身份来中国研究中国金融的。他还在金融系讲英文课，还找时间学习汉语，实在是闲不住的人。我开始跟他一起生活以后，才从他的表现中逐渐地认识到他的优点：聪颖、深厚的知识、令人佩服的酒量，还有值得一提的是他的幽默。他虽然汉语说得不太好，但是很会交朋友，我估计这跟他的幽默有很大关系。下面我想介绍一下他因幽默（或粗心）而闹的笑话。

有一天，他在跟中国朋友通话时，想起了那一天正好是中国朋友的生日，就想说"祝你生日快乐"这句话。不过我的同屋汉语说得不好，就把话筒用手捂住问我："岩田，Happy Birthday 怎么说？"我回答说："祝你生日快乐。"他点点头向我表示明白，重新拿好话筒，竟然大声地说："祝你生日坏了。"他把"快乐"说成"坏了"。真遗憾，意思反了！

他还闹过其他的笑话。他刚到中国时，一句汉语也不会说。开学几天以后，他学了一些初次见面打招呼的句子，上完课后回来告诉他的朋友说："今天我学了一些汉语词语。"他朋友于是洗耳恭听。他大声地说："认识你，很干净。"他把"高兴"说成"干净"，让朋友开怀大笑。以后，他遇到初次见面的人时，总故意说"认识你很干净！"这句话简直成了他的口头禅了。他认为这样说就能够把十分强烈的印象留给对方，相处起来比较容易。

半年后我转到北师大，自然得离开南开，离开这位同屋。由于我们始终生活在欢声笑语中，关系特别融洽，所以我感到依依不舍。

我在中国生活、学习，不只是提高了汉语水平，同时还通过他了解到了土耳其的事，这真是一举两得。我想只有在中国留学才可以得到这种享受吧。

（亓华修改自北师大汉院留学生作文）

词语表 Vocabulary

1.	金融	【名】	jīnróng	finance	如：～危机、～市场。
2.	聪颖	【形】	cōngyǐng	clever and bright	聪明敏锐。如：～的小孩。
3.	洗耳恭听		xǐ ěr gōng tīng	to listen with respectful attention	洗干净耳朵恭恭敬敬听别人讲话。指专心地听。
4.	口头禅	【名】	kǒutóuchán	pet phrase	原指和尚常说的禅语或佛号。现指经常挂在口头上而无实际意义的词句。
5.	一举两得		yì jǔ liǎng dé	to kill two birds with one stone	做一件事得到两方面的好处。如：在这儿可以吃到美食，又可以欣赏美景，真是～。

4. 差不多先生传（节选）

胡适

你知道中国最有名的人是谁？提起此人，人人都知道。他姓差，名不多，各省各村都有叫这个名字的。你一定见过他，一定听别人谈起过他。差不多先生的名字，天天挂在大家的嘴上，因为他是很多人的代表。

差不多先生的相貌和你我都差不多。他有一双眼睛，但看得不很清楚；他有两只耳朵，但听得不很分明；有鼻子和嘴，但对于气味和口味都不很讲究；

他的脑袋也不小,但他的记性却不很好。

他常常说:"凡事只要差不多就好了,何必太精细呢?"

他小的时候,他妈妈叫他去买红糖,他买了白糖回来。他妈妈骂他,他摇摇头说道:"红糖白糖,不是差不多吗?"

他上学的时候,有一次老师问他:"古城西安在哪一个省?"他说在山西。老师说:"错了,是陕西,不是山西。"他回答:"陕西同山西不是差不多吗?"

后来,他在一个银行里工作,他既会写又会算,只是总不精细。"十"字常常写成"千"字,"千"字常常写成"十"字,经理生气了,常常骂他。而他只是笑嘻嘻地赔不是道:"'千'字比'十'字只多了一小撇,不是差不多吗?"

有一天,他为了一件要紧的事情,要搭火车到上海去。他从从容容地走到火车站,迟到两分钟,火车已经开走了。他白瞪着眼,望着远去的火车,摇摇头道:"只好明天再走了,今天走和明天走也还差不多。……"

词语表 Vocabulary

1.	笑嘻嘻	【形】	xiàoxīxī	grinning, smiling broadly	形容微笑的样子。如:他~地说:"太好了!"
2.	赔不是		péi búshi	to apologize	请求原谅,赔罪。如:爸爸总是给妈妈~。
3.	撇	【名】	piě	left-falling stroke (in Chinese characters)	汉字的笔画之一。
4.	从从容容	【形】	cóngcóng-róngróng	calm, composed, unhurried	悠闲舒缓,不慌不忙。如:他做事~,从不着急慌张。

四、写作知识——如何写好文章的开头

文章的开头就像凤的头。凤头美好招人看,文头亮丽引人读,简短精练是关键。开头给我

们的感觉，就像一个人给我们的第一印象，好的开头能给读者留下深刻的印象，吸引读者去看。我们可以尝试用下面这些方法写开头，但要记住对不同的文章要有不同的写法。

1 开头直接说出文章要说的事情，开门见山最简单明了。如：

① 我家的后面有一个很大的园，相传叫做百草园。（鲁迅《从百草园到三味书屋》）

2 开头设置悬念，提出一个有意思的问题，引起读者注意。如：

② 挂钟不慌不忙，有节奏的走着，滴嗒，滴嗒……都快要4点了，妈怎么还没回来？（《担心》）
③ 你来过越南吗？如果没有来过，那真可惜，听我来讲一讲吧。

3 引用有名的句子，如诗歌、歌词等，使文章更生动。如：

④ 有一句老话：南方的秀才北方的将，陕西的黄土埋皇上。西安是十三朝古都，有很多历史遗迹。
⑤ 有句诗说："慈母手中线，游子身上衣。"母亲是最牵挂孩子的。

作文的开头和题目的关系也很重要，如果能在开头点题，和题目呼应，作文就能更连贯，思路更明显。

很多同学的作文开头总是没有新意，比如写《我的爸爸》，他就这样开头：

⑥ 每个人都有自己的爸爸，我也不例外，我来给你们讲一讲我的爸爸。

写《我的故乡》，他这样开头：

⑦ 每个人都有自己的故乡，我也不例外，我来给你们讲一讲我的故乡。

写《童年趣事》，他这样开头：

⑧ 每个人都有自己的童年趣事，我也不例外，我来给你们讲一讲我的童年趣事。

这样的开头尽管简洁，入题快，但用一次两次还可以，总是这样，千篇一律，就像一个人总穿一件衣服，也会让人没有兴趣。

课堂练习

下面是三位留学生地点描写习作的开头，看看有什么得与失

1. 我的家乡位于韩国的南方，名叫庆州。在韩国提到我的家乡，每个人都认为是很美丽的城市。因为一年四季很分明，还有夏天不那么热，冬天不那么冷。很多人愿意在这儿度过自己的晚年时光。（《我的家乡》）

2. 我的故乡叫贝尔法斯特,北爱尔兰的最大城市。贝尔法斯特是北爱尔兰的首都,因此是我们最重要的城市。人口才35万。(《我的家乡》)

3. 起初,因为这个城市不但是中国的首都,而且这儿有很多名胜古迹,把我吸引住了。这就是北京。来到北京以后我还发现,中国人特别热情。虽然他们说话的语气听起来好像吵架一样,可是仔细听,他们并不是在吵架,而是说着让人高兴的话。现在回想一下我的经验。除了饭馆里的服务员以外,好像没见过对我不好的中国人似的。所以我很喜欢北京。(《我喜欢的城市》)

五、作文医生——认识汉语的歧义句

通常我们在写作文的时候,可能会因为汉语语法的特殊性,或者是自己表达习惯的问题,产生歧义。歧义句是指一个句子有两种或两种以上的解释。歧义产生的原因有:词义不明确、句法不固定、层次不分明、指代不明等。例如:

① 放弃美丽的女人让人心碎。

可以理解为"男人因放弃了美丽的女人而心碎",也可以理解为"女人放弃了追求美丽的权利",那可真是件令人心碎的事。

② 我叫他去。

"叫"可理解为"让、使、派",这个句子的意思就是"我派他去";"叫"也可以理解为"喊、唤、招"等意思,这个句子就是"我去叫他"或"我去喊他"。

③ 开刀的是他父亲。

"开刀的"可以是"主刀做手术的大夫",也可以理解为"被做手术的患者"。

课堂练习

分析下面三个句子产生的歧义

1. 咬死了猎人的狗。
2. 鸡不吃了。
3. 爸爸对待妈妈的时候好像小孩子似的。

校园小广告

一、热身互动练习

请写一则寻找语伴或辅导的启事，看看能否把自己的意思表达清楚

二、通知和海报的写法

1 通知的写法

当有重要的事情需要通知，或者当我们要组织一个活动，例如晚会、演讲比赛、讲座等，希望大家知道并且来参加，我们需要写一份通知或海报，介绍事情的大概情况、时间、地点等。

范文 通知

请参加运动会的同学在本周五下午3点之前将本人身高、体重告知办公室，以便定做运动员入场服装。望周知。

留学生办公室
2012.3.30

2 海报的写法

娱乐性的活动和比赛等,希望通过宣传吸引更多人参加,便可用海报的形式。海报可以是图画形式的,可以是文字形式的,也可以图文并茂。这里我们只介绍一下文字形式的海报的格式和写法。

1. 格式不一定要严格要求,关键在于表达准确的信息,比如日期、地点千万不要出错,例如 6:00 a.m. 和 6:00 p.m. 的区别。
2. 可以使用一些比较吸引人的词汇,以达到广告的目的。
3. 语言要生动,语气要热情。

海报的格式不需要特别的限制,只要把需要告诉大家的说清楚就可以,同时还要注意语言生动活泼吸引人,这样别人才会来参加你的活动。

范文一 海报

本周四下午将在留学生活动中心举行第一届留学生汉语演讲比赛,届时将有十多名来自世界各地的留学生为大家献上丰富精彩的演讲。欢迎各位老师和同学前来观看。

时间:5月14日 14:00
地点:留学生活动中心

留学生办公室
2012.5.11

课堂练习

留学生办公室将要举行留学生新年晚会,留学生精心准备了很多精彩的节目和小游戏,还会有礼物派送,请你写一张海报,欢迎老师和同学来参加。时间:2012年12月30日 18:30,地点:学校礼堂

范文二 海报

想观看精彩丰富的晚会吗?
想参加别开生面的游戏吗?
想收到意想不到的礼物吗?

> 你的新年怎么过？来参加我们的留学生新年晚会吧！
>
> 下周三晚上将在学校礼堂举行留学生新年晚会，届时将有精彩节目呈现，还会有小游戏邀您参加，并有礼物派送。期待你的加入！
> 时间：12月30日 18:30
> 地点：学校礼堂
>
> 留学生办公室
2012.12.21

三、校园常见启事的写法

1 如何寻找语伴或辅导

很多留学生希望找一个中国语伴，和自己交流语言和文化的心得，那么应该怎么找呢？通常可以在校园的论坛（BBS）上发布寻找语伴的信息，或者在教学楼、宿舍楼附近的公告栏上贴上自己的留言。在格式方面，没有特定的要求，只是需要注意语言简洁准确，表达礼貌即可。

> **范文　真诚寻找语伴**
>
> 我是一名韩国留学生，女生，非常希望能认识中国同学，和我练习汉语，帮我了解中国文化，我也可以教你韩语。如果你愿意的话，请和我联系吧！Email：……

2 寻物和失物招领启事的写法

1. 寻物启事的写法
   （1）要写明丢失物品的时间、地点。
   （2）适当地对丢失物品进行描写，比如丢失手机的颜色、牌子、型号，丢失钱包的大小、颜色、里面的物品等，以便拾到者确认是发启事的人丢失的物品。
   （3）最好能有这样一句话"必有重谢"，这样会增加找回丢失物品的可能性。

范文一　寻物启事

本人于今天上午在201教室丢失一部手机（NOKIA N97），手机里有很多重要资料，对本人非常重要。希望捡到者尽快与我联系。必有重谢！（张力，13*********）

文学院：张力
2012年10月25日

课堂练习

改错

寻物启事

本人于今天上午丢失一个红色手提包，里面有2本书和钱包、个人证件等重要物品。哪个人捡到就和我联系吧。

留学生：安东尼
2012年9月12日

2. 失物招领的写法

（1）要写明捡到物品的时间、地点，大概介绍一下就可以，不要详细介绍，待认领时再详细确认。

（2）钱数不应写明确，用"若干"表示即可。

（3）要留下准确的联系方式和认领地点，便于对方认领。

范文二　失物招领

本人于今天上午在图书馆门前拾到一个背包，里面有数码相机、学生证、书和牡丹卡，以及现金若干。请失主尽快与我联系。（王芳，135*******）

文学院：王芳
2012年10月25日

课堂练习

填空

失物招领

_____在517教室拾到一_____钥匙和一_____钱包，_____有_____和_____。请_____到汉语系办公室_____。

_____

_____年_____月_____日

四、校园常见广告的写法

1 二手转让广告的写法

我们有很多不需要的东西，自己用不着，但也许有人需要它；有的东西，没有必要买全新的，二手的只要质量好，价格公道，有人也会考虑。现在校园里、网络上的二手交易越来越频繁，如果利用得合理，能给我们的生活带来很多方便。

> **范文一　转让一套中文语法书**
>
> 价格：40元
> 新旧：9成新
> 此书适合正在学习中文的留学生，由北京大学出版社出版，共一本书、一本练习册，语法知识全面，有举例说明。我现在不需要了，有意转让。如果有需要者，请与我联系。
> 另，还有一些HSK练习辅导书，欢迎上门挑选。

说明

1. 转让和租房广告一样，如果是贴在布告栏里，下面可以并排打印一些有自己姓氏和电话的纸条，不需要列出全名。如果是在网上发布，下边可填上自己的电话。为了保护个人隐私，转让成功之后或者放弃转让时，要记住及时删除帖子，免得被陌生人打扰。

2. 必要的内容：价格、新旧程度、内容、规格、适用对象。
3. 如果是校园转让，学生们常常写上自己的宿舍号码或手机；但如果是在网络上、对象比较广泛的转让，请不要留下太多个人信息。

范文二　转让全新苹果MP4

本人有苹果(iPod touch 4)一款，8G，9成新，设计小巧，美观大方。卓越网价1200元，600元挥泪卖，有发票和保修凭证。一口价，不讲价，如有需要的朋友，请与我联系。

说明

这是一个电子产品，除了上面提到的要求外，这类商品有时还需要列出发票情况、是否有保修等，因为这也是买家要参考的一个条件。

2 求租、招租与合租广告

我们来中国学习，很多同学在外面租房，有时候我们租到的房子很大，希望能够和别人合租，一方面减轻一些经济负担，另一方面也能让生活不那么孤单。今天我们来学习这一类生活中常用的与房子有关的广告，首先学会读懂里面有价值的信息，然后学会自己去写。

范文一　求租北师大附近两居室

本人是北京师范大学学生，生活有规律，容易相处，喜欢安静，社交关系简单。现求租师范大学附近两居室，环境整洁，家电齐全，能做饭、洗澡、上网。有意者请与我联系，期待您的电话。个人求租，中介勿扰！

说明

1. 开头简单介绍自己的身份，希望得到房东的信任。
2. 说明对房子的要求。
3. "个人求租，中介勿扰！"很多个人求租者喜欢在最后加上这样一句话，是希望能和房东直接联系，不希望中介公司打扰。可以根据你的需要选择是否写这句话。

范文二　出租学院南路×号院两居

价格：2900元/月　户型：2居　使用面积：70平方米
交通：公交16路，645路，849路，331路等
房屋类型：普通住宅
学院南路×号院3层，北京师范大学南门附近两居出租。精装修木地板，带阳台，家具、电器齐全，可洗澡、做饭、上网。现出租该房屋，有意者请与我联系。个人租房，中介勿扰！

范文三　北师大附近精装单间出租

价格：1400元/月　户型：3居中南向1居　使用面积：20平方米
地段：新街口外大街×号院　北京师范大学附近
房屋类型：普通住宅
北京师范大学附近精装单间出租，周围交通方便，小区环境好，房子在8层中的5层，全天电梯、冷热水，带阳台，有空调、电视、书桌等家电和家具。希望找文静、爱干净的女生合租。有意的朋友请与我电话联系。中介勿扰！

说明

1. 开头简单介绍房租、户型、面积、地段、交通状况。
2. 介绍室内装修情况和家电状况。
3. 根据你的需要选择是否使用"个人租房，中介勿扰"这句话。

五、作文医生——介词"在"的偏误分析

外国学生在使用汉语介词"在"时出现的偏误较多，大体可以分为六类。

1　不该用时用，有泛用的倾向

① 我们的学校是，在中国最有名的大学，名字叫"北京师范大学"。
② 我觉得除了我的学校以外，在中国的体育馆环境非常好。
③ 釜山是第二大城市，在韩国。

2 介宾结构做处所状语和做结果、处所补语时，普通名词后缺方位词

① 在公共汽车，有人不买票。（在……上）
② 在西安的旅行，我每天都过得很充实。（在……中）
③ 一天，小琴在河洗衣服。（在……边）
④ 我把我的床单放在洗衣机。（在……里）

3 在不该用方位词的地方用了方位词

① 在我的故乡上没有这种树。
② 在中国里，一个家庭只能生一个孩子。
③ 我把我的心思放在她心里上。（应改为"放在她身上"）

4 "动词+在"误用做定语

① 我住在的地方是第三公寓，我的房间有床、衣柜等。
② 中国是十三亿人住在的地方。
③ 这个床是我睡在的地方。

5 "在+处所"是静态的，不能与趋向动词"来/去"搭配，可改为"到+处所"

① 我是一个人在中国来的。
② 有一天，老爷爷在山上去砍柴，老奶奶在河边去洗衣服。
③ 在游泳馆时，先进南门去，然后大概十分钟一直走，右边有一家体育馆。（改：去游泳馆，从学校南门进去一直往前走，……）

6 当动词谓语后带趋向补语或"来、去"时，前面的"在+处所"应为"从+处所"

① 我必须要吃早饭，每天在中国食堂打包。
② 听到有人喊，他在楼上跑下来。
③ 参观的人应该在右边的门进去，在左边的门出来。

由于汉语是孤立语，动词缺少形态变化，用不用介词"在"要看语义表达的需要，而不是法定的。外国学生误用"在"，主要有以下原因：（1）母语负迁移，如（一）（四）（五）（六）类；（2）目的语知识不足或泛化，如（二）（三）类。因此，在写作教学中，及时地纠偏正误是一项长期而艰巨的任务。

说明文（1）

我们前边练习的作文题目大多是记叙自己的生活，表达个人的情感，这是写作最基本的目的。

生活中还有一类写作命题，是为了提示、解释和为他人说明，无论从写作目的，还是风格、语言方面，都和我们以前的作文练习有所区别。

一、热身互动练习

1 对比"记叙文"和"说明文"的不同，修改下列语段，并说明结构特点

记叙文与说明文对照表

比较方面	记叙文	说明文
目　　的	记录、抒发和纪念	提示、解释、为他人说明
主观态度	表达自己的观点和情感	中立、客观、如实表达
语　　言	形象生动、优美感人	简洁准确、科学严谨
写作手法	丰富多样、单一或多线索	比较统一、重视真实性
内　　容	记叙事情经过、个人经历	介绍、说明使用和操作程序

　　在学习方面，我每天按时上课，没有迟到过，也没有缺过课。认真完成作业，上课时也积极发表。所以每次考试的成绩都很好，最次也是80点。比较突出的学科是会话课。

　　在校园生活方面，我多次参加跟中国人交流

活动。参加交流会的中国人都是学习日语的。我给他们教日语和一些日本文化。还有我在杂志上发表过自己的文章。为了自己汉语水平的提高和帮助中国人加深对日本的理解付出很多努力。

　　在其他方面，我的性格很开朗活泼，以别人的快心为自己快乐，而且我喜欢大家一起玩，中国人也很好、日本人也好热亲地对待他们。所以我的中国朋友也不少。有时间我跟他们一起去玩。大家都说跟我在一起玩儿得很开心。

2 依据下图，简要说明包饺子的过程

二、制作过程性说明文的写法

　　说明性的文体在我们的生活中随处可见，产品的说明书、网络商店的产品简介等等，留学生最常用到的是过程说明法和对比说明方法。

11 说明文（1）

1 制作过程写作技巧训练

1. 列出提纲

在写过程作文的时候，最好先梳理一下思路，把每一步简单列一下，免得遗漏了什么，或者出现顺序的错误。以做菜过程为例，提纲如下：

① 简单介绍一下这个菜是哪个国家的，有什么特点，或者有什么特别的故事。

② 介绍需要准备的材料。

③ 介绍做菜的过程，和要注意的事情。

④ 菜做好以后的特点：色、香、味等等，以及自己的感受。

2. 选择合适的连词

说明制作过程的常用连词

步骤	连词
1	首先　最开始　先　最初
2	然后　接着　接下来　做完……之后　……之后
3	最后

3. 选择常用的句式

说明制作过程的常用句式

格式	用途	例句
……是…… ……是……之一	介绍要做的菜的大概情况。	西红柿炒鸡蛋是一道中国的家常菜。 川菜是中国的八大菜系之一。
我来（给大家）介绍一下……的做法 / 怎么做	引出做菜的过程。	现在我来给大家介绍一下泡菜汤的做法。
做……需要这样一些材料：名词＋数量词	介绍食材。	做西红柿炒鸡蛋需要准备这样一些材料：西红柿2个，鸡蛋2个，葱姜少许。
把……＋动词＋补语	做菜常常用到"把"字句。	把菜洗干净。 把油倒进锅里。 把油烧热。

格式	用途	例句
首先……，等……以后，再……，然后……，最后……	介绍做菜的步骤。	首先在锅中倒入适量的油，等油烧热以后，再放葱花，然后……
这道菜……闻起来……，……看起来……，……吃起来……	描写菜的色、香、味。	鱼香肉丝闻起来有鱼的香味，但是没有放一点儿鱼。这道菜闻起来清香扑鼻，看起来色泽鲜艳，吃起来香味浓郁。
制作的时候应当注意……	提醒	制作的时候应当注意油温不要太热，时间不要太长，否则会影响口感。

4. 说明文写作时要注意

（1）注意写作顺序，如果是介绍物品，应从概况到细节；如果是介绍事件，应注意办理的顺序；如果是比较两种事物，应注意先后、主次顺序。

（2）语言要简洁、准确和生动有趣。说明文内容的科学性和专业性都比较强，它要求语言要确切，不能夸大或缩小。说明文最忌含糊其词，什么"大概"、"差不多"、"可能"都不准确，应多用"之一"、"从某种程度上"、"在……方面"对语义加以限定。如，"赵州桥非常雄伟，全长五十点八二米，两端宽约九点六米，中部略窄，宽约九米"。

（3）简要清楚，不要因为句子太长影响表达的效果。

2 参考下文，介绍自己拿手菜的制作步骤与过程，并说说你的小窍门儿

西红柿炒鸡蛋

材料：西红柿3个　鸡蛋3个　尖椒1个

配料：葱　盐　糖　鸡精

制作过程：

1. 把鸡蛋打匀，加少许盐，然后均匀倒入油锅，油温不宜太高（一般六七成热就行）。把鸡蛋均匀倒入油锅后（炒时往锅里滴少许酒，这样炒出的鸡蛋蓬松、鲜嫩、可口）不要动，等到整个鸡蛋液都凝固的时候（要小心油干了，造成鸡蛋糊了），用饭铲（也叫炒勺）从鸡蛋的边缘轻轻进入，将鸡蛋翻过来，煎一下，等两面都呈现金黄的颜色时，再轻轻把鸡蛋用铲子分开，不要刻意地捣烂，刚一凝固即可，这样炒熟的鸡蛋里外都是一样嫩。

2. 然后，把炒熟的鸡蛋倒出来，重新在锅里倒上油，等油温有六七成的时候把提前准备好的葱末、西红柿块儿、尖椒丝一起倒进锅里爆炒，等到西红柿完全炒熟并且熬出汤汁时，加少许盐和糖，再把刚才提前炒好的鸡蛋到入锅中，翻炒片刻滴几滴麻油即可出锅。

技巧：炒制此菜时，要旺火速成，以保持西红柿脆嫩。鸡蛋中加水淀粉可以使鸡蛋口感更爽滑。

三、范文阅读

1. 如何炒鸡肉汤

【韩国】郑元准

你听说过韩国的炒鸡肉汤没有？这个菜不但是韩国代表性的饮食之一，而且是我最喜欢吃的菜。这个菜的做法特别简单。只要按照我说的办法做，连不擅于烹饪者也能做出一份特好吃的炒鸡肉汤。接下来，我告诉你做炒鸡肉汤的秘诀。

材料：

鸡腿、鸡翅、捣好的大蒜、洋葱、土豆、辣椒酱、辣椒面、烧酒、牛肉粉、大葱。

做法：

首先，在锅里放烧酒和水，等水开以后，把鸡腿和鸡翅放进锅里煮一煮，鸡肉大体熟了以后，把刚才煮时用的水和烧酒倒掉，重新装水再煮一下。

其次，放一勺辣椒酱、两勺辣椒面、一勺捣好的大蒜，然后再煮20分钟。

再次，把剩下的所有的蔬菜切成小块以后，放进锅里去，同样再煮10分钟。

最后，你先尝一下，味道有点儿淡的话，可以用盐和糖调整一下，对了，别忘了放半勺的牛肉粉，这样就完成了。

不过我要提醒你的是，做出好吃的炒鸡肉汤就如同赌博一样，成功率正好是50%。我也是做过4次，其中2次失败。但愿你一次就会做成功。

（贾丹丹修改自北师大三年级留学生作文）

词语表 Vocabulary

1.	秘诀	【名】 mìjué	secret (of success)	不公开的能解决问题的窍门、办法。如：成功的~、一个~。
2.	大蒜	【名】 dàsuàn	garlic	多年生宿根草本植物。蒜头、蒜苗、蒜苔均可做蔬菜。
3.	辣椒酱	làjiāo jiàng	chilli sauce	用辣椒、大豆等制成的酱。
4.	蔬菜	【名】 shūcài	vegetables	指可以做菜吃的草本植物。如：~沙拉、新鲜~。
5.	赌博	【动】 dǔbó	to gamble	用财物做注以一定方式争输赢。如：沉迷于~。

2. 如何做女婿蛋

【泰国】罗益诚

女婿蛋是泰国的一种菜肴。它经常就着米饭一起吃。因为鸡蛋是人们最基本的食品，所以大部分的人都喜欢吃。它的原味是有点儿甜的，但根据个人的口味可以做出不同的味道。接下来，我要告诉大家做女婿蛋的方法。

材料：

鸡蛋或鸭蛋、猪肉2-3两、菜油、红葱、香菜、鱼露、糖。

做法：

首先，我们把红葱切成小块，再把猪肉切碎，然后把鸡蛋煮十分钟，等到熟了把它的皮剥掉。

然后，在锅里放油，但不要放太多，等油热了以后，把鸡蛋放进锅里炸一炸，炸黄了以后拿上来放在盘里。

接着，把红葱放进锅里炸，等它变金黄色了盛出来。再把猪肉放进锅里炸一炸，肉熟了以后，把糖放进锅里，搅拌到发黏，再放点儿鱼露。

最后，把鸡蛋切成四块，把搅拌好的糖倒在鸡蛋上面，再加点儿红葱和香菜就好了。

总之，女婿蛋是很普通的一种菜肴。材料很好找，所以在哪个国家都可以做。如果你们有机会的话，就试一试吧，一定很好吃的！

（贾丹丹修改自中央财经大学本科一年级留学生作文）

词语表 Vocabulary

1.	女婿	【名】	nǚxu	son-in-law	女儿的丈夫。
2.	菜肴	【名】	càiyáo	cooked food	烹调好的蔬菜、蛋、肉等副食品。
3.	搅拌	【动】	jiǎobàn	to stir, to mix	搅动，拌和。如：～均匀、轻轻～、朝着一个方向～。
4.	发黏		fā nián	to be glutinous	液体或半液体难流动的状态。如：手感～、～的面团。

3. 武士道和剑道

【日本】利根川清久

现在所谓的武士道已经很难看到了，可是 samurai、bushido 等等，这些跟武士有关的词语是举世闻名的，而且剑道、柔道和弓道等传统的运动是武士文化的象征。现在很多人要学习这种传统的武士道。初中和高中的时候我也学过剑道。所以这次我来介绍自己的经验和当今剑道的情况。

日本的武士像西方的骑士一样，以剑术为主要的本领，而且需要高尚的人格和对主人的忠诚。如果你想学习剑道的话，除了剑术的实力以外，还要重视这种传统思想和精神方面的修炼。因为武士把战斗作为主要任务，所以他们必须要有坚强的意志力。对武士来说，提高精神境界是最重要的。因此开始剑道的练习之前和结束之后一般需要几分钟的冥想。这些精神方面的礼法总称为"武士道"。如果你想学习剑道就意味着学习日本传统思想。

几乎所有的日本武道都重视互相尊重的想法和礼数。日语中有一个表示重视礼貌的俗语，大概是"从开始到结束一直要讲礼貌"的意思。所以开始比赛的时候双方运动员一定要互相行礼。按照正式规定，在剑道比赛期间，禁止对对方无礼。所以，你即使赢了对方也不可以表现出胜利的喜悦。如果你振臂表示胜利的话，有可能被取消资格。对日本人来说，保持礼貌就是如此重要。而且剑道是一种剧烈的运动，如果不注意、不认真练习的话，可能会发生致命的危险。所以每个人都应该保持认真而又严肃的态度。

其实现在剑道不太受年轻人和女性的欢迎。因为练习的时候一定要穿很厚的衣服，戴很重的防护具来做剧烈的运动，所以对这些人来说剑道是个非常辛苦的运动。还有会出很多汗，然后发出难闻的体臭味。别说夏天，连冬天都有这种臭味。我初中毕业的时候，我们的剑道老师说："你们闻着防护具的臭味儿回忆我吧。"

但到底是什么原因让很多人选择练剑道呢？我想一是上面所说的和精神有关的礼法；二是比赛中随机应变的战略，尤其是一刹那间迅猛的进退最具吸引力。

现在世界各国每年都在举办剑道比赛，我想剑道传播的正是蕴含日本精神的文化吧。

（亓华修改自《留学北京——留学生优秀作文选刊》）

词语表 Vocabulary

1.	所谓	【形】	suǒwèi	so-called	所说的。如：所谓"知己"，……
2.	武士道	【名】	wǔshìdào	bushido	日本幕府时代武士遵守的道德。
3.	举世闻名		jǔshì wénmíng	known all over the world	全世界都知道。形容非常著名。如：长城以雄伟的建筑而～。
4.	剑道	【名】	jiàndào	kendo	日本传统的竞技性器械武术。
5.	柔道	【名】	róudào	judo	体育运动项目之一，通过把对手摔倒在地而赢得比赛。
6.	冥想	【动】	míngxiǎng	to meditate	深沉的思索和想象。如：他闭上眼睛，开始～。
7.	赢	【动】	yíng	to win	赌博或比赛获胜。如：他～了五百万、比赛～了、我～了他。

8. 振臂	【动】	zhènbì	to raise one's arm	举臂，挥臂。表示奋发或激昂。
9. 随机应变		suí jī yìng biàn	to act according to circumstances	随着情况的变化，灵活机动地应付。如：不管发生什么事情，他总能~。
10. 刹那	【名】	chànà	instant, split second	极短的时间，一念之间。如：一~间。
11. 蕴含	【动】	yùnhán	to contain, to imply	蕴藏，包含。如：~了深刻的思想。

四、写作知识——如何写好文章的结尾

文章的结尾应像豹子的尾巴那样，结实、有力。方法有：

1. 结尾点题法

一是可用抒情议论句直接点出来。如："清晨，当我跨上自行车，汇入到中国上班族的车海人流中时，我的心中涌动起一股暖流：'啊！北京，你早！'"（《你早，北京！》）

二是引用诗词名句点题。如一篇文章的结尾用"人有悲欢离合，月有阴晴圆缺，此事古难全"，表达了师生间的依依惜别之情。

三是借用人物语言点题。如："不过，通过这次不平常的考试，我感到：一个人应该在别人困难时伸出援助之手。"（《一次不平常的考试》）

2. 首尾呼应法

如"那天，阳光好暖，好暖……"（《那天，阳光好暖》）与开头的"一缕金黄色的阳光从窗口斜射到桌子上，照在信封上，那天阳光好暖啊……"呼应。又如："'您去哪儿？'每当我听到出租汽车司机的这声询问时，我的心里就充满了紧张的喜悦。我知道一件有意思的事情快要发生了。"（《您去哪儿？》）

3. 比喻抒情法

例如："在京留学期间是我永生不忘的一段时光，它像划过天空的流星一样，既耀眼又美丽，但可惜的是那只是一刹那间，真令人怀念。不过我愿为那美好的过去而怀念，铭记她给我带来的好日子，感谢你——我的北京。"（《写给令我流连忘返的北京》）

（亓华改写自"百度百科"《写作技巧》）

五、作文医生——"把"字句的使用问题

本课作文中,"把"字句的使用率非常高,可以说手工制作是"把"字句最典型的语用环境。通常"把"字句的使用是在强调动作的结果、趋向变化和物品的位移等,例如:

1. A(施事者)把B(受事者)+动+趋向/结果补语:他把饭吃下去/吃完了。
2. A(施事者)把B(受事者)+动+数量/动词重叠:他把衣服拉一下/拉了拉。
3. A(施事者)把B(受事者)+动+得+程度补语:他把字写得乱七八糟。
4. A(施事者)把B(受事者)+动+成+名:我把"包子"写成"句子"了。
5. A(施事者)把B(受事者)+动+到/在+地点:她把书拿到教室。我把书放在书包里。

使用"把"字句要注意的问题:

1. "把"字句的否定在"把"之前,并且要根据时间选择"不"或者"没"。

   错误:我把手机不带在身上。

   正确:我不想(没有)把手机带在身上。

2. "把"字句使用能愿动词,在"把"之前。

   错误:我把汉语想说成流利的。

   正确:我想把汉语说流利。

3. 在没有必要强调结果,或者没有结果出现的时候,不一定需要用"把"字句。

   错误:我怕把别人说的话都听不懂。

   正确:我怕听不懂别人说的话。

课堂练习

练习"把"字句

(一)看看下面的句子问题出在哪里

1. 我把衣服没洗干净。
2. 他把朋友要送回家。
3. 我已经把作业做。
4. 他把饭吃在食堂里。
5. 我把"一"听"七"了。
6. 把鸡蛋打在锅。

(二)把括号里的字填在恰当的位置上

1. 他A不一会儿B就C信D写好了。(把)
2. 他A今天B把作业C写完D。(没)
3. 风A把那个小女孩儿B的头发C吹D了妈妈的脸上。(到)
4. A这么小的孩子B把C杯子D放到桌子上吗?(能)

读（观）后感

孔子曾告诫弟子："学而不思则罔，思而不学则殆。"同理，读后观后不去思考，不把自己的感想和见解写下来，不利于训练大脑思维的逻辑性、准确性和严密性，只有长期不断地读书思考写作，才能训练出一个既不乏情感又理性深刻的头脑来。

一、热身互动练习

1 将最近阅读的书刊名和观看的电影名写下来，说一说你为什么喜欢

最喜欢看的书是：
最喜欢看的电影是：
最喜欢看的电视剧或电视节目是：

2 组织一次散文诗歌朗诵会

请每一个同学推荐或朗读自己喜欢的文章，可作为写读后感的材料。

二、读（观）后感的写法

平时我们经常会看一些书、电影、电视剧等等，有时会有很多自己的想法，通过阅读或者观看，记录下自己的感想，这就是读（观）后感。

在格式方面，这类作文和其他的作文一样，没有特定的格式要求，毕竟是以抒发自己的观点为主。只是有一些需要注意的问题：

1 不要单纯地写成故事介绍，而没有自己的感想

读（观）后感首先要用简练的、叙述性的语言概括介绍你读过或看过的内容，特别是那些印象深刻的内容。但最重要的还是要表达自己的感想，所以不要用大量的篇幅去介绍故事的情节，忽视了自己的心得体会。

121

2 **可以适当引用其中的片段,但不要过多**

为了突出原作的特色,可以适当地引用其中最具典型性的语句,让读者有更深切的体会。

三、范文阅读

1.《九刺鱼》读后感

【韩国】李宝贤

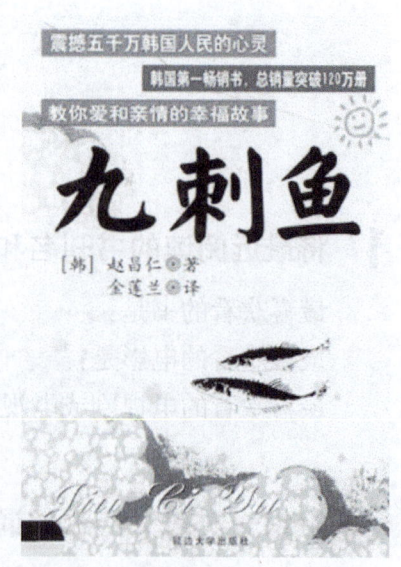

我喜欢读书,读过的书可谓不计其数。在最近读过的书中,有一本书给我的感触最深,它就是《九刺鱼》。

那天我一回到家,就津津有味地读了起来。书的内容深深地吸引了我。年仅10岁的儿子得了白血病,可父亲是个无能的诗人。为了给儿子治病,父亲不得不卖掉了自己的一只眼睛。经过一段时间的治疗,儿子的病情逐渐好转,不幸的是,父亲却雪上加霜,又患了肝癌。然而父亲不顾自己的健康,为了治好儿子的病,凭借坚强的意志走遍全国各地,终于找到了最有效的药方。最后,儿子的病痊愈了,而可怜的父亲呢,已无药可治,只有等待死亡了。

看完这本书的时候,我脸上挂满了泪水。尤其书中的一句话,"爸爸爱的人只有我一个,我爱的也只有爸爸一个人了",让我感动极了。我深深地被这对父子的深情打动了。

读完这本书后,我不由得联想到了自己和父亲。我们之间有着一条深深的代沟。我以前常常责怪父亲只顾工作,不顾家庭,给我们的爱太少。可是,看完这本书后,我的想法改变了,爸爸这么辛苦地工作,不正是为了我们更好地生活吗?我突然知道自己应该怎么做了。有人曾经说过,读一本好书,就像交了一个益友。歌德(Goethe)也说过:"读一本好书,就是和许多高尚的人谈话。"《九刺鱼》对我来说,不正是一个益友吗?

(贾丹丹选自北师大二年级留学生作文)

读（观）后感 12

作品简介

九刺鱼妈妈产下卵（luǎn）之后就会逃之夭夭，而九刺鱼爸爸却悉心看护鱼卵。它不吃不喝，白天黑夜地保护鱼卵。谁要是来偷吃，九刺鱼爸爸就会奋起抵抗，不惜生命的代价。鱼卵孵（fū）出来后，小九刺鱼一天天长大，不久就会撇（piē）开爸爸远走他乡。这时，孤零零的九刺鱼爸爸会一头扎进石缝，含笑死去。

词语表 Vocabulary

1.	不计其数		bú jì qí shù	countless	没法计算数目，形容很多。如：天上的星星～。
2.	感触	【名】	gǎnchù	thoughts and feelings (aroused by what one sees or hears)	跟外界事物接触而引发的思想感情。如：～很深、很有～。
3.	白血病	【名】	báixuèbìng	leukaemia	病名，是造血干细胞异常的克隆性恶性疾病。是儿童和青年中一种常见的恶性肿瘤。
4.	雪上加霜		xuě shàng jiā shuāng	to add to the miseries of sb. who is already unfortunate enough	比喻接连遭受灾难，损害愈加严重。如：这次灾难，对于贫困的他们来说真是～。
5.	痊愈	【动】	quányù	to be fully recovered from an illness	病完全好了。如：～出院。
6.	代沟	【名】	dàigōu	generation gap	指子女在走向社会的过程中，背弃父母原有的观点，有了新的见解而造成的思想观念、行为习惯的差异。
7.	责怪	【动】	zéguài	to blame	责备，怪罪。如：～他人、过分～。

123

2.《"发福"不是"福"》之我见

【日本】小出康弘

学了《"发福"不是"福"》的文章之后,我比较同意课文的观点:"发福"不是"福"。从这篇文章中可以看出中国人生活水平确实发生了很大的变化,而且,我身为一个日本人,可以从中看出中国人和日本人在价值观、审美观的转变过程中有着很多相似之处。

以前中国和日本是以耕种为主的农业国,所以一般的家庭不能经常吃肉和脂肪成分比较高的食物。特别是在中国,当80%的人口还是年收入只有1000元左右的农民时,多数人不能经常吃到比较贵的肉食。所以在人们的心目中,胖也就成了富有的象征,因为只有有钱人,才可以经常吃脂肪和蛋白质含量比较高的食物,才可能发胖。在日本的老辈人中也仍有类似的看法。我的父亲是1945年出生的,他经历了日本经济由落后走向繁荣的过程。父亲小时候在饭桌前受到的教育是:只要是分到你面前的食物就一点儿也不能浪费,应该全部吃掉,因为那时父亲家非常穷。但是现代社会就不同了,人们的生活水平提高了,物品也极大地丰富了,所以人们轻易就可以买到各种各样的食物,现在的情况是,饿死的人几乎没有,因高血压丧命的人却越来越多。但父亲却忽视了这一点,以自己所受的教育来要求我,结果使我成了一个小胖子。在父亲的眼中,也许我也是"富有"的象征吧?!

目前在中国也可以看到同样的现象。以前北京的冬天家家吃萝卜白菜,但现在瓜果蔬菜、鸡鱼肉蛋应有尽有。再加上,中国菜的制作离不开油,多数菜都特别油腻,肥胖的人越来越多,胖孩子随处可见。如果人们再不放弃"发福是福"的老观念,一味地吃下去,胖子队伍恐怕会像雨后春笋般壮大。在美国有这样一种说法:胖人和爱吸烟的人是不能干大事的,因为这是懒惰和不健康的表现。现代医学已证明,肥胖是百病之源。所以在发达国家,很多人认为平衡的饮食习惯和适当的运动结合才有益于健康。现代的中国人也慢慢接受了这种观念,开始喜爱健美运动。

如果说以前"发福"中的"福"字有体态肥满、生活富裕的含义的话,那么在丰衣足食的今天,"福"字的含义发生了变化,"发胖"已不再是什么"福"了。

(亓华修改自北师大二年级进修生作文)

词语表 Vocabulary

1.	价值观	【名】	jiàzhíguān	values	指一个人对周围的客观事物（包括人、事、物）的意义、重要性的总评价和总看法。
2.	审美	【动】	shěnměi	to appreciate the beautiful	领会事物或艺术品的美。如：~标准。
3.	脂肪	【名】	zhīfáng	fat	人和动植物体内储存能量的物质。如：大量~、富含~。
4.	蛋白质	【名】	dànbáizhì	protein	天然的高分子有机化合物。如：动物~、植物~。
5.	油腻	【形】	yóunì	oily, greasy	指油很多。如：~的食物、太~。
6.	雨后春笋		yǔ hòu chūnsǔn	(to mushroom like) bamboo shoots after a spring rain	指春雨后，竹笋一下子长出来很多。比喻新事物迅速大量地涌现出来。
7.	懒惰	【形】	lǎnduò	lazy	偷懒，不喜欢费体力或脑力。如：~的人、真~。
8.	丰衣足食		fēng yī zú shí	to have ample food and clothes, to be well-fed and well-dressed	穿的吃的都很丰富充足，形容生活富裕。

3. 搭乘社会的"泰坦尼克号"

——我看《泰坦尼克号》

吴晓峰

　　这几年各种来路的大片我也看了不少，不过多半都是借了光盘躲在家里看的。这回的《泰坦尼克号》我却是老老实实跑到电影院去过了把瘾。因为从一开始这部片子吸引我的就不是故事本身，而是对海难发生的每一步情节的渲染，特别是对危难时刻人性的层层剖析，只有影院的数码立体声才有可能使人得到身临其境之感。

以咏叹世纪末最浪漫爱情而沸腾影院的《泰坦尼克号》，其实是一部人性的百科全书。英雄主义、阶级差别、歧视、嫉妒、青春、命运，爱与恨、生与死、贫与富、美与丑、成与败，以及其他种种更加细微复杂的人性情感都在这里一一呈现。危难时刻，有人奋力逃生，有人视死如归，有人苟全性命，有人勇于助人，影片在无情揭露造成这场灾难的人类灵魂深处的阴暗面的同时，也热情讴歌了在灾难中人类所表现出的令天地动容的牺牲精神。当银幕上出现成百上千的乘客从将沉的巨轮落入冰海时，当乐队一次又一次为逃难的人群演奏凄美的乐曲时，我们看到了人性的脆弱与坚强。

我今年24岁，正是什么话都听不进去的年龄。长辈们也总是说我们这代人是不容易打动的一代。可这回我没想到，来自娱乐片故乡好莱坞的《泰坦尼克号》却打动了我。在思考中我重新开始整理自己，也重新开始认识别人。这种感觉真的很久没有过了。和绝大多数同龄人一样，我反感刻板陈旧的说教，更讨厌装腔作势的表演。我希望生活能够还原真实，在真实中流露最自然的美。

这几天我常想，社会就像是一艘更大的"泰坦尼克号"，每当暴风雨来临的时候，每个人都会自觉不自觉地扮演着怎样的角色呢？我又会怎样去做？也许以前我并不清楚，可是以后知道了。到保护妇幼的绅士风度不再是做出来的，而是一种本性的真情流露时，这个民族就有希望了。

（选自《北京日报》1998）

词语表 Vocabulary

1.	过瘾	【动】	guò yǐn	to satisfy a craving, to enjoy oneself to the full	泛指满足爱好，惬意。如：真～、过把瘾。
2.	渲染	【动】	xuànrǎn	to play up, to exaggerate	指对事物铺张、夸大。如：情感～。
3.	剖析	【动】	pōuxī	to analyse	辨析，分析。如：～真相、～问题、深入～。

读（观）后感 12

4.	咏叹	【动】	yǒngtàn	to sing (usually in admiration)	长声吟叹。如：～调。
5.	视死如归		shì sǐ rú guī	to take death calmly, to face death unflinchingly	把死看得像回家一样平常。形容不怕牺牲生命。如：他～。
6.	苟全	【动】	gǒuquán	to preserve (one's own life) at all costs	苟且求全，偷生的意思。如：～性命。
7.	讴歌	【动】	ōugē	to sing the praises of	歌颂，用歌唱、言辞等赞美。如：～生命。
8.	银幕	【名】	yínmù	(motion-picture) screen	放电影时显示投影的白色屏幕。如：～形象。
9.	凄美	【形】	qīměi	sad but beautiful	凄凉而美丽。如：风格～、～的故事。
10.	脆弱	【形】	cuìruò	fragile, weak	不坚强，不稳固。如：性格～。
11.	好莱坞	【专名】	Hǎoláiwù	Hollywood	位于美国加利福尼亚州洛杉矶市的西北部，是世界著名的电影城市。
12.	刻板	【形】	kèbǎn	stiff, mechanical	比喻处事不灵活，不能随机应变。如：～印象。
13.	装腔作势		zhuāng qiāng zuò shì	to strike a pose, to be pretentious	拿腔拿调，故意做作想引人注意或吓唬人。如：你别相信他，他就是～，吓吓人。
14.	流露	【动】	liúlù	to show (or display) unintentionally	意思、感情等不由自主地表现出来。如：～感情。
15.	绅士	【名】	shēnshì	gentleman	旧称地方上有势力、有地位的人，一般是地主或退职官僚。

4. 红红的高粱
——电影《红高粱》观后

【韩国】赵胤修

很早就听说红色是中国人最喜欢的一种颜色，因为它代表了喜庆、吉祥。看了《红高粱》之后，我对红色有了更多的了解。电影中在不同情况下对红色的运用又赋予红色更多的含义。

影片一开始就是一乘红色的大花轿，里面坐着身穿红衣红袄的新娘"九儿"。本来结婚是一件高兴的事，但九儿的脸上却没有一丝欢喜，因为她是被迫出嫁的，而且要嫁的人是个得了重病的老头。此时，红红的花轿、花轿里柔和的红光与她脸上呆板的表情形成了强烈的对比，本来象征喜庆的红色在这里却充满了讽刺意味，让人不禁为九儿的命运感到担心。

九儿回娘家的时候，被"我爷爷"带到高粱地里，这才是九儿真正的婚礼。虽然高粱地没有新婚的喜床那样柔软舒适，虽然高粱地没有花轿那样艳丽显摆，但我们还是感到了九儿的欢乐，因为这是真正的爱的结合。

九儿的丈夫死后，九儿和酒厂伙计们一起用高粱酒消毒、避邪。这时，红红的高粱酒欢快地向四处飘洒，周围是一张张热情洋溢的笑脸，表达了他们摆脱了旧生活的喜悦和对新生活的向往。

电影最感人的部分是最后一段。这一段也是红色运用最多的一段。九儿被枪击中后流在洁白外衣上的红红的鲜血，洒到地上红红的高粱酒，日本军车被炸后的红红的烈火，还有从"我爸爸"眼里看到的红红的太阳、红红的世界，这一切都让人感到浓烈的悲壮气氛。

影片最后那满世界的红还让我有另外一种联想，因为红色也是共产主义的象征，所以我总觉得影片在它讲述的故事背后，还有一种更深层的含义。

《红高粱》这部影片的名字，与内容和色彩完满地统一起来，实在是一部很不错的影片。我喜欢这红红的高粱。

（亓华修改自北师大201年级本科生作文）

词语表 Vocabulary

1.	讽刺	【动】	fěngcì	to mock, to satirize	用比喻、夸张等手法指责和嘲笑。如：～他人。
2.	显摆	【动】	xiǎnbai	to show off	炫耀，含有贬义。
3.	避邪	【动】	bìxié	to ward off evil spirits	避开恶魔或邪恶。
4.	联想	【动】	liánxiǎng	to associate, to connect in the mind	因一事物而想起与之有关事物的思想活动。如：～起来。

四、同义词辨析

　　同义词有两类，一类是不论从哪方面看，意义都相同，在语言表达中可以换用，如"气力"和"力气"、"演讲"和"讲演"，可称为等义词；另一类大体相同，但在意义和用法上又有一些细微差别，如"坚决"和"坚定"、"思念"和"怀念"，所以也叫近义词。我们一般所说的同义词也包括近义词。掌握和运用好同义词，关键在于能辨析同义词之间的细微差别。要结合语言的实际，掌握充分的材料，做到"求同"、"辨异"，即找出同义词的"共性"和"个性"来。辨异的思路可取意义、用法、色彩三方面，共有八法。

　　一辨词义轻重。比如"希望—盼望—渴望"，词义由轻到重。"希望"只是一般的态度，"盼望"就加强了主观的意愿，"渴望"则更进一步表示了主观意愿的强烈程度。

　　二辨范围大小。比如"事件—事变—事故"，范围由大到小。这一组词都是指人类社会的活动："事件"是指由于某种原因而发生的引人注意的特殊事情，范围大；而"事变"是指突然发生的政治性事件，范围小；"事故"又是带有意外的不幸因素的一种事情，它的范围更小。

　　三辨感情色彩。比如"成果—结果—后果"，"成果"指取得的成绩、成就，是褒义词；"后果"指不好的结局，是贬义词；"结果"则没有什么褒贬的意义，是中性词。

　　四辨语体色彩。比如"母亲—妈妈"，前者适用于庄重的场合，常用于书面表达，后者适用于一般的场合，经常在口语中使用。

　　五辨具体概括。比如"河流—河"、"书籍—书"，前者表示集体的、概括的事物，后者表示个别的、具体的事物。

　　六辨侧重方面。比如"抵挡—抵抗—抵御"，都有用力阻挡、制止敌对力量的意思，但"抵挡"着重于阻挡、挡住，是比较被动的行动；"抵抗"着重于反抗、抗拒，是主动、积极的行动；"抵御"着重于防御、阻止住，常是用相当多或相当强的人力、物力抵挡。

　　七辨搭配对象。比如"交流—交换"，"交流"搭配的对象大都是意义较抽象或所指范围较大的词，如"思想"、"经验"、"文化"、"物资"等；"交换"搭配的对象大都是意义较具体或所指范围较小的词，如"礼物"、"意见"、"资料"、"产品"等。

八辨词性和语法功能。如"突然—猛然"，"突然"是形容词，可以受程度副词修饰，如"非常突然"，在句中做状语或补语，如"他突然出现在我的面前"、"他来得太突然了"；"猛然"是副词，只能做状语，如"他猛然一个急刹车，大家都摔倒了"。

（选自"江苏语言文字网"）

五、作文医生——汉语的语序规则与常见问题

语序是汉语重要语法手段之一。我们用词造句，表情达意，要注意词语的排列次序。例如，"书"、"死"、"读"三个词，按其位置先后，可配搭成三组不同的词语：①读死书（读些不切实际、没有现实意义的书）；②死读书（一味拼命读书）；③读书死（读书不能学以致用，把人读得死板僵化）。这些都用来批评那些爱读书却不得法的人。我们应该读书得法，"读活书"、"活读书"，这才是正确的途径。这种词语的先后排列次序就叫做"词序"。在汉语中，同样几个字，排列的先后次序不同，意思就大不一样。如"没吃饭"和"没饭吃"。成语也是如此，排序不同有不同的意思，如，"过河拆桥"（比喻忘恩负义）和"拆桥过河"（比喻自讨苦吃），又如"大有人在"和"有大人在"，"屡战屡败"和"屡败屡战"，等等。可见，汉语词语的排列有一定之规，不能随意。下面介绍汉语定语、状语中词序的排列顺序。

1 汉语定语、状语中词序的排列

1. 各定语的排列顺序是：

谁的／哪儿的 ＋（这／那）数量 ＋ 怎样的 ＋ 名词
　　①　　　　　　②　　　　　③

例1：我们学校的 十位 四十多岁的优秀汉语 教师
　　　　①　　　②　　　　③

2. 各状语的排列顺序是：

语气副词 ＋ 时间 ＋ 地方 ＋ 怎么样 ＋ 动词
　①　　　②　　③　　　④

例2：果然 小王 现在 正在家里 认真地 ＋ 复习功课
　　　①　　②　　③　　　　④

3. 各时间状语的排列顺序：

时间名词 ＋ 介词短语（表时间）＋ 时间副／副 ＋（处所词）＋ 动词
　①　　　　　②　　　　　　　　　③

例3：今天早上 我 九点钟 才 起床
　　　①　　　　②　　③

例4：昨天晚上 他 从7点到12点 都 在家里 看电视
　　　①　　　　　②　　　　　③

课堂练习

请根据所给的词组完成句子

1. 田中　向他　日本　留学生　在云南　旅游　赶忙　的　情况　询问
2. 我　抢　向导　过来　手里　一个　水桶　从　跑到　场地　中央的　缸　大水　旁边儿
3. 关于　教师　对外汉语　适应　美国　课堂　如何　的　文章　教学
4. 目前　保存　故宫　中国　最　是　群　完好　砖木　历史　最　的　结构的　建筑　悠久　古代
5. 玛丽　留学生　美国　周丽　小说　借　那里　了　一本　从　言情
6. 珠穆朗玛　国家　位于　交界处　最　世界　高　海拔　的　西藏　自治区　尼泊尔　与　西南　公园

2　动词及时间状语的位置不当

"语序"通常是指主、谓、宾、定、状、补等句子成分的排列顺序。与其他语言相比，汉语最大的特点是状语几乎都放在动词前面。留学生容易出现以下语序偏误现象：

① 我上体育课在体育馆。（处所状语应放在动词前）
② 丝绸之路是很重要的在历史上。（"在历史上"应放在动词"是"前）
③ 这个运动馆建立1988年，花费几亿韩元。（应用"建于"把时间词置后）
④ 你如果要参加我们的旅行，告诉我们7月5日以前。（时间状语应放在动词前）
⑤ 在二外只半年学习了，学习的内容是首先学了发音，下次学了语法。
　　　　　　　　　　（"半年"应放"学习了"后，"下次"应改为"其次"或"然后"）
⑥ 我还要在这里生活三年，希望所有的地方熟悉。（"熟悉"应放"希望"后）
⑦ 我跟同屋一起生活，可是跟我什么都不一样他的想法和行动。
　　　　　　　　　　　　　　　　　　（"想法"等应提前到"跟"之前）
⑧ 釜山是第二大城市，在韩国。（应改为"釜山是韩国第二大城市"）

感想式议论文

感想式议论文是一种表达自己的观点，分析问题，提出对策的文体。我们很多同学习惯写记叙文，喜欢讲故事，但在表达自己观点的时候总是觉得没有话说。从这一课开始，我们要练习如何把自己的观点阐述清楚。

一、热身互动练习

1 参看下面一段话，谈谈你认为人生最重要的是什么

请给"时间、自由、爱情、家庭、友情、亲情、金钱、名利、事业、健康、信仰（宗教）、爱好、慈善、人际关系"按重要程度排个顺序，看看全班同学的选择情况如何。

20岁的人说，学习成绩最重要；30岁的人说，婚姻家庭最重要；35岁的人说，人际关系最重要；40岁的人说，事业成功最重要；50岁的人说，儿女成才最重要；60岁的人说，身体健康最重要；70岁的人说，心情愉快最重要。

价值观调查表

重要程度	1	2	3	4	5	6	7	8	9	10	11	12	13	14	15	16
事 项	生命															

2 阅读下文，谈谈你怎样看待这个问题，并说说自己的幸福观

> 美国一家调查机构在全世界22个国家调查人们的快乐水平，结果显示，美国人的快乐水平最高，有46%的美国人对自己的生活感到快乐，其次是印度，37%的印度人乐呵呵地生活着，而中国人的快乐水平最低，位列榜尾，只有9%的中国人觉得自己活得快乐。
>
> 有网友写道：偷走国人快乐的十个原因是：1. 缺乏信仰和信念。2. 总是比较金钱物质，过分忽视品德修养，拒绝学习新思想。3. 对美好事物不感动而是讽刺。4. 焦虑，压力大，目标高出能力太多。5. 不敢坚持做自己，缺少勇气和胆量。6. 得失心强，眼光短浅，渴望取巧暴富。7. 活得太闲或太忙，不会劳逸结合。8. 过分追求快乐给人看，而不是给内心看。9. 情感受困，心灵封闭，拒绝交流。10. 不科学的饮食搭配。

二、感想式议论文的写法

感想式议论文是为了表达自己的想法和观点,有时甚至是为了说服别人。首先要有感而发,有比较明确的看法,论理清晰,能自圆其说。

1 立论——确定自己的观点

在确定自己论点的时候,应该简单明白,尽量用一两句话概括清楚。对于刚学习写作的留学生来说,把自己的观点放在文章的开头,或者一段话的开头,更有利于表达。我们常常用这样的句子引出自己的观点:

我认为……
我觉得……
在我看来,……
对我来说,……

2 驳论——反对别人的观点

首先引出要反对的观点,然后明确提出自己的看法,在对比和陈述理由的过程中,说服别人。

注意,反对别人的观点,一定要找到这个观点错误的真正原因,就像射箭一样,射中靶心,才能达到表达的目的。

在语言上也应注意礼貌,不应出言不逊。

三、范文阅读

1. 自行车的感想

【保加利亚】费萨林

在中国谈起交通问题,首先想到的就是自行车。在我们欧洲人眼里它真是一种奇怪的交通工具,因为别的车辆或用发动机驱动,或以牛马等畜力为动力,唯有自行车,完全是依靠人自己的体力前进。骑上自行车,人感到变得更强壮有力,它是我们对自己体能的一种欣赏和发挥。

济南街道上的自行车非常多,尤其在早晚上下班的时候,简直像一片自行车的海洋。我偶尔也加入其中,那感觉就像是在梦里:密密麻麻望不到头的车流快速向前涌去，我觉得我们不是在地面上行走，也不是在天空中飞翔，而是在天和地之间的缝隙中滑翔而去……

自行车有点儿像中国人的特殊的牲畜，中国人说"骑"自行车，而不说"开"。"骑"字的偏旁是"马"，这是不是暗示着，在中国人心里，它与马、驴、大象、骆驼等动物相类似？它使我想起那个只有马、驴等牲畜为交通工具的古老时代：自行车就是我的马、我的大象、我的骆驼——我骑着这个活物，我可以用它驮我去遥远的地方观赏风景，看望朋友，和亲爱的人相会，也可以用它返回故乡……

有人说自行车是中国的象征，可它象征着中国的什么呢？在我看来，它的意义也许藏在这么一种情景之中：一望无际的无数车子汇成一条奔腾的大河。这条大河一旦涌出，好像再没有什么力量能使它停下来。为什么呢？道理很简单，这种车子只能前进，它不会后退，连停一停也不行，它的全部生命就是在前进之中。

（亓华选自《1997外国学生汉语作文比赛获奖作品选》）

词语表 Vocabulary

1.	密密麻麻	【形】	mìmi-mámá	close and numerous, thickly dotted	形容又多又密。如：汉字写得～。
2.	滑翔	【动】	huáxiáng	(of birds or aircrafts, etc.) to glide	不靠动力，利用空气的浮力和本身重力的相互作用在空中飘行。
3.	驮	【动】	tuó	to carry or bear on the back	用背负载。如：～运。
4.	奔腾	【动】	bēnténg	to gallop	（许多马）跳跃着奔跑。如：万马～。

2. 什么是"幸福"

【韩国】李妍周

什么是幸福？

幸福存在于每个人的身边。但，我们往往看不见、摸不到，也买不来。

可是，幸福不是别的。我们不需要太多的努力，无需依靠别人，也不必有太多的金钱就可以随时得到它。因为它就在我们的身边，在我们的意识之中。比如，父母看到孩子健康活泼的时候，子女看到父母健康平安的时候，朋友互相珍视友谊的时候，或爱上某个人的时候……这些看起来平平凡凡、无足轻重，但，这就是幸福。

那为什么我们常常感觉不到幸福呢？

幸福和不幸同时存在于我们的心中。只有我们自己相信幸福，有知足感，才能感到幸福。如果不知足，而渴望飞扬到更高的、自己难以达到的地方的话，那就会因挫折失败而感到痛苦和不幸。这样的人怕是永远也感觉不到幸福。当然，知足并不意味着要放弃人生的理想和追求，追求本身也是一种幸福，况且，幸福和不幸常常相伴而生、相依而存。

获得幸福的方法其实很简单：

第一，降格自己，丢掉骄傲和自满。

第二，丢掉贪心和幻想，有贪心就没有幸福。

虚己时才能感到舒畅；

爱人时才能感到甜蜜；

知足时才会感到幸福快乐。

（亓华修改自北师大201年级本科生作文）

| 1. 珍视 | 【动】 | zhēnshì | to treasure, to cherish | 珍惜重视。如：～生命、～健康。 |

2. 无足轻重		wú zú qīng zhòng	of no importance or consequence	没有它并不轻些，有它也并不重些。指无关紧要。
3. 渴望	【动】	kěwàng	to aspire, to thirst for	迫切地盼望。如：~拥有。
4. 降格	【动】	jiànggé	to lower one's standard or status	降低标准、身份、等级等。如：降了一格。
5. 幻想	【动、名】	huànxiǎng	to have a vision of, to fancy; illusion, fantasy	对没有实现的愿望的想象。如：~未来、不可能的~。

3. 我的婚恋观

【英国】伊莲美

对于我这个单身的英国女孩来说，这个话题也许有点儿太实际了，但是，我想在今天这个社会里，无论是英国还是中国，浪漫的恋爱是存在的，浪漫的婚姻也许就不会太多了。

我生在与中国有着极大差异的国家里。由于传统文化的不同，我的婚恋观也许会有独特的地方。如果让我寻找一个人做自己的终身伴侣，也许我会考虑去寻找一个既有"物质财富"又有"精神财富"的人。所谓"物质财富"是指地位、金钱，所谓"精神财富"是指感情、文化。也许你会说这样的人太完美了，可能很难找到。但是，这是现代人的一种追求目标和婚恋理念。在这两者中，我认为"物质财富"会更重要一些，因为两个人的美好生活是建立在物质充足的基础上的。如果一个美满的家庭，夫妻都没有生活基础，而薪水又很少，我想矛盾一定不少；如果一对夫妻的感情生活虽有点儿不快，但是他们却不必为物质生活发愁的话，也许感情的不快会在一周、两周或更长的时间里消失。因为人是感情动物，感情的基础是我们与生俱来的，是我们的本能。用感情与对方沟通是很快的，又是甜蜜的，但是，金钱的漏洞会让原本可能完美的感情破裂，无可挽救。

金钱在每一个社会中都占有重要位置，特别是在婚姻恋爱方面。金钱可以让一对热恋的情人有一个完美的婚姻基础，但也可以让他们从此分开，不再相爱，这样的例子在我们身边举不胜举。就我而言，完美的婚姻像是一朵美丽的玫瑰，如果它生长在一片丰厚的金钱沃土中，它会很快地发芽、开花、结果，相反，若它生长在一瓶清水中，它的美只会保留几天，之后就会变成永久的枯黄的伤痕，留在年轻伴侣的心中。

如果明天我去追求一种浪漫，也许我会去找一个男友，而非丈夫。这就是为什么女人的情人和丈夫往往是完全不同的两类人。

这就是我的婚恋观。它虽不浪漫，却是多数人的真实想法。

（亓华修改自北师大201年级进修生作文）

词语表 Vocabulary

1.	浪漫	【形】	làngmàn	romantic	富有诗意，充满幻想。如：富有～色彩、～的电影。
2.	婚姻	【名】	hūnyīn	marriage	男人和女人结为夫妻，已结婚的状态。如：美满～。
3.	伴侣	【名】	bànlǚ	companion, partner	同在一起生活、工作或旅行的人，多指夫妻。如：生活～、人生～。
4.	薪水	【名】	xīnshuǐ	salary	工资。如：发～、领～。
5.	漏洞	【名】	lòudòng	flaw, loophole	破绽，不周密之处。如：制度～、法律～。
6.	破裂	【动】	pòliè	to crack, to break	完整的东西出现裂缝，开裂。如：关系～、谈判～。
7.	举不胜举		jǔ bú shèng jǔ	too numerous to mention	列举也列举不完，形容数量很多。
8.	沃土	【名】	wòtǔ	fertile soil	肥沃的土地。
9.	枯黄	【形】	kūhuáng	withered and yellow	干枯焦黄。如：～的禾苗。

4. 人生最重要的是什么？

人生最重要的是什么？时间、自由、爱情、友情、亲情、金钱、名利、事业？还是什么？人到底为什么而活着？

如果用哲学的方法来解释，你就会发现这样问其实是让自己陷入了一个死角，所以我更希望从生命的本身去理解。当你发现出生的唯一结果是死亡的时候，你就该明白人生就是由生到死的过程，无论你生前有多大的知名度，无论你有多少财富，你的一切一切都逃不出这个过程，当你所谓重要的时间、自由、爱情、友情、亲情、金钱、名利、事业，在面对人生终点——死亡的时候还有意义吗？？？

如果这些都没了意义，那我们活着是为了什么？活着就是为了死亡，死亡是为了完成生命。然而我们谁又能放弃时间、自由、爱情、友情、亲情、金钱、名利、事业呢？因为我们作不出放弃，作不出结束生命，所以我们不是圣人。时间、自由、爱情、友情、亲情、金钱、名利、事业，这些都是我们必经的生命过程，因为它们在面对死亡时毫无意义，所以在我们的生命过程中就不该去过分追求某一种而放弃其他的，这些都是生命所拥有的。

追求金钱，是为了提高生活质量；追求爱情，是为了生活丰富多彩；过自由的生活，是为了逃避现实的压力！所有的一切为生活而存在，缺少任何一项，都是不行的！缺钱你将为节俭的生活而疲惫，缺爱你将为平淡的生活而麻木，缺自由你将会失去自我……所以说，人的一生重要的东西、要追求的东西太多了，什么都不能少，只有合理地做好人生计划，提醒自己在什么时期该做什么，为理想、为美好生活而努力，尽力做好每一件事，过好每一天，才能让自己变得充实，快乐地享受人生！

现在再来回答人生最重要的东西。先设问一句，你认为是你的爱人重要还是你的亲人重要？无论你选哪一个都是对的，选哪一个也都是不对的，因为人的思想是不同的，我们不能因为思想的不同就去否认别人。所以每个人的人生最重要的东西是不一样的，是有着无数答案的。我们不该去考虑人生最重要的东西，而是该考虑什么才是对自己来说最重要的，这个答案只能在你自己的心里。珍惜自己的一切吧，当失去的时候就让它走掉，不要因为失去而伤心，永远保持为了拥有而开心才是对的！

我们是如此渺小，生活又是如此短暂，把握住生命的旋律，让自己活得精彩！

（亓华编写自"百度知道"网友论坛）

词语表 Vocabulary

1.	逃避	【动】	táobì	to escape, to evade	逃走避开，躲开不愿意或不敢接触的事物。如：～现实。
2.	疲惫	【形】	píbèi	tired out, exhausted	形容非常疲乏。如：很～、～不堪。
3.	渺小	【形】	miǎoxiǎo	tiny, negligible	微小，微不足道。如：太～、力量～。
4.	旋律	【名】	xuánlǜ	melody	也称"曲调"。指若干乐音连续进行，其中各音的时值和强弱不同而形成节奏。如：优美的～、悠扬的～。

四、修辞手法——引用

写文章时，有意引用现成语句（成语、诗句、格言、典故等）以表达自己的思想感情，说明自己对新问题、新道理的见解，这种修辞手法叫引用。

引用的作用是使论据确凿充分，增强说服力，富有启发性，而且能使语言精练，含蓄典雅。

例1：战国时代的孟子，有几句很好的话："富贵不能淫，贫贱不能移，威武不能屈，此之谓大丈夫。"（吴晗《谈骨气》）

例2：有人问牛顿（Newton）："为什么你比别人看得高、看得远？"牛顿说："我能够比别人看得更高更远，是因为我站在了巨人的肩膀上。"

作文中借用名人的话语，能帮助我们更好地表达自己的观点，让观点更有说服力。

有的同学在作文中会用到自己国家的名言、谚语，如果不知道对应的汉语应该怎么说，应尽量按照风俗习惯和自己的理解翻译出来，这样的引用会使文章更加生动，便于理解。例如，蒙古学生的作文《蒙古的风俗习惯》的开头：

在蒙古有一句谚语："不要看作为礼物的马的牙齿"，它的意思是说，别人送给你礼物，不能当着他的面拆开看，这样是很不礼貌的。

这句话在汉语里虽没有对应的翻译，但经解释我们都能明白。

引用不仅在议论文中是很好的方法，在记叙文中也能为文章增加色彩，让人感动。例如，韩国留学生金娜莱的《第一次看到妈妈的泪水》中有这样一段话：

现在突然想起那时我爸罚我去青鹤洞学习和反省，在那里学了《四字小学》，其中有这样的话:"父生我身,母鞠吾身,腹以怀我……恩高如天,德厚似地,为人子者,曷不为孝,欲报深恩,昊天罔极。"说得真有道理,现在我才真正领悟了父母的用意,不会忘记他们的劳苦,应该报答他们的恩情。

既然引用这种修辞手法给文章增色不少,就需要我们平时注意积累,学过的课文,看过的文章,甚至是电影、歌曲中的经典句子,都可以在作文的开头、中间和结尾处引用。注意在引用别人的话时,应该用引号,还要指出是谁说的,或者用"有人说"引入,最好能有引文的出处,应该尊重别人的知识产权。

五、作文医生——汉语动宾式离合词的使用问题

汉语中有一类词,语素间的结合不太紧密,中间可以加入其他成分,能扩展,语言学家称之为"离合词",如"散步"、"理发"、"握手"、"游泳"一类的词。这些词大致的共同特点是:从概念上讲,似乎应该看成词,表达了一个比较固定的、完整的概念。从用法上讲,有时作为一个词使用,即两个字挨着出现,但也可以拆开来使用(就是所谓的"离")。譬如"你理发了吗?""一个月理一次发。"《现代汉语词典》(第5版)对离合词进行了全面的分析梳理,共收离合词2500多条。

1 常用离合词

为了便于同学们熟悉离合词,我们把常用离合词列举如下:

帮忙、过瘾、成家、出力、喘气、道歉、见面、做寿、招手、唱歌、照相、谈话、让座、争光、受伤、带路、抬头、打工、带头、开会、操心、点头、请假、跑步、做操、打拳、洗澡、散步、聊天、跳舞、离婚、生病、睡觉、争气、打球、看病、骑马、认错、刷牙、跳绳、洗脸、起床、录音、游泳、住院、超车、打仗、当兵、坏事、理发、吹牛、考试、鼓掌、毕业、发烧、生气、吵架、放假、养伤、办事、出国、下雨、下雪、上课、保密。

2 留学生离合词偏误

留学生在学习离合词时遇到的困难、出现的问题是很多的,而且所出现的偏误也有一定的共性。下面我们先来看看留学生在离合词方面所出现的偏误:

1.误带宾语。如:

作为班长,他经常帮忙我们。/她唱得很好,大家都鼓掌她。

2.动态助词"着、了、过"位置放错。如:

我们都鼓掌着欢迎他们。/我看见他时,他正跑步着。
我们下课了就去操场踢球。/我们见面了以后,谈了很多事情。
我们见面过。/我从来没有撒谎过。

3. 重叠形式有误。如：

爷爷饭后经常散步散步。/ 他对我点头了点头了。

4. 结果补语位置有误。如：

上课完，我们去看电影吧。/ 理发完我去洗澡。

5. 时量补语位置有误。如：

我们洗澡了一个小时。/ 她生病了三个星期。

6. 带情态补语时有误。如：

她唱歌得非常好。/ 她跳舞得非常出色。

7. 趋向补语"起来"位置有误。如：

他突然鼓掌起来。/ 我同屋一感冒，就发烧起来。

8. 动量补语位置有误。如：

他结婚过两次。/ 我抽烟过几回。

3 离合词用法特点

留学生之所以出现上述那么多偏误，一方面是汉语的离合词在外语（比如英语）里多相当于一个动词，另一方面是我们的教材和老师对离合词的讲解和练习不够。

1. 离合词中间可插入很多成分，比如动态助词"了、着、过"和动量补语、时量补语等。如：

请了三天假。/ 我和他见过面。/ 她结过两次婚。

2. 离合词的重叠形式和一般动词是不同的，离合词只重叠前面的动词性成分。如：

散散步、洗洗澡、聊聊天、唱唱歌、跳跳舞、理理发

3. 离合词带时量补语、情态补语时要重复其前面的动词性成分。如：

我们照相照了半个小时。/ 他跑步跑得满头是汗。

4. 离合词一般不带宾语，涉及的另一对象要通过介词或助词引入。如：

我下午和他见面。/ 你不要跟她结婚。/ 他帮了我的忙。

课堂练习

离合词偏误修改

1. 昨天我们谈话了很多事情。
2. 我已经毕业大学了。
3. 请代我问好你的父母亲。
4. 我要去观光中国。
5. 他游泳了三个小时。
6. 晚上我们散步校园。
7. 她终于就职了她愿望的公司。
8. 我认为，你应该道歉他。

话题式议论文

所谓话题作文，就是在作文命题时，为打开学生思路而提供一个既有开放性又有一定约束力的"话题"。"话题式议论文"不仅规定了写作的范围，而且在论题和文体方面也作了限定，但学习者仍可在选材和表达方面展开联想和发挥。

一、热身互动练习

1 阅读下文，说说故事说明了一个什么道理，自拟议论文题目。要求：使用事例来证明自己的观点

> 保罗·迪克的祖父留给他一座美丽的森林庄园，不幸的是一场山火烧毁了他的森林。一天，十分伤心的保罗走到一条街上，看见一家店铺门口人们在排队购买用于烤肉和取暖的木炭。他眼睛一亮。回去后，他雇了几个炭工，把庄园烧焦的树木加工成木炭，送到集市上的木炭分销店。他用卖木炭得来的一笔不小的钱在第二年春天购买了一大批树苗，终于让自己的庄园又新绿滚滚。

（作文话题来自网络）

2 阅读下文，自拟题目，构思一篇议论文

> 据说有一个测试，考验新员工打扫卫生，打扫的对象是一个放了个烟灰缸的桌子。中、美、日三个国家的员工在一起，表现不同：
> 最先上来的是中国员工，他擦桌子擦到烟灰缸处，绕着擦，没动烟灰缸。
> 接下来是美国员工，不只擦桌子，还把烟灰缸拿起来，把烟灰缸下面的桌面擦了擦。
> 日本员工先是擦烟灰缸周围的桌面，再把烟灰缸拿起来，仔细擦烟灰缸下的桌面。最后，还把烟灰缸翻过来，认真地擦净烟灰缸底。

（作文话题来自网络）

二、话题式议论文的写法

话题式议论文的重要写作技巧是事例论证。事例论证就是借助事例来帮助我们论述，通过事例验证我们的观点。我们可以从下面这几个方面去选择事例材料：历史故事、名人故事、哲学故事、寓言故事、民间传说；现实事例；个人经历等。

运用事例论证，要注意以下几个方面的问题：

1. 材料和观点统一。所以要先明白材料的含义，再选择合适的事例，不要前后矛盾或者没有关联。

2. 叙述语言要简洁。议论文，议论是重点，叙述事例只是我们的一个方法，不是重点，有的同学讲一个故事，一篇文章就结束了，这样的事例太啰唆，需要精练。

3. 对事例要加以分析和论述。我们不能摆一个事例就不管了，需要稍稍做一些分析，不要使事例显得和文章没有什么关系。

课堂练习

1. 以热身互动练习（一）为例，如果是你，你会选择用什么事例来加强你的论述，你觉得哪些人的故事可以被我们引用

【参考事例】

爱迪生的故事

爱迪生在研制电灯灯丝的过程中，试验了1600多种不同的耐热材料，经历了那么多失败，但没有放弃。一位记者问他："爱迪生先生，您还打算失败多少次呢？"他微笑着说："我从来没有失败，我成功地证明了这1600多种材料不能用来做电灯灯丝。"

（话题素材来自网络）

2. 阅读下面这些事例，你觉得它说明了什么道理

（1）三个选择

一家公司招聘职员，有一道试题是这样的：

一个狂风暴雨的晚上，你开车经过一个车站，发现有三个人正苦苦地等待公交车的到来：第一个是看上去濒临死亡的老妇；第二个是曾经挽救过你生命的医生；第三个是你最喜欢的人。但你的汽车只能再乘坐一位乘客，你会选择谁？

这是一道人格测试题。每个人的答案都有他的理由：也许你会选择老妇人，因为她就要死了，我们应该挽救她的生命；也许你会选择医生，因为他曾经救过你的命，现在是你报答他的最好机会（但也许你也可以在将来不断地回报他）；也许你会选择你最喜欢的人，因为错过这个机会，也许你就永远也找不回她（他）了……

在200个候选人中最后成功胜出的那个人是怎么回答的呢？

（话题素材来自网络）

（2）镜子的猜想

很多电梯里常会有一面大镜子，这镜子是干什么用的呢？

"用来检查一下自己的仪表。"

"用来扩大视觉空间，增加透气感。"

"用来看看后面有没有跟进了不怀好意的人。"

其实原因很简单："残疾人摇着轮椅进来时，不必用力转身，就可以从镜子里看见楼层显示灯。"

我们怎么就没想到这一点呢？有时，抛开思维的固有模式，我们能获得更多。

（话题素材来自网络）

三、范文阅读

1. 成功和失败

【越南】罗清华

成功是什么？是不是你的生活、工作、家庭等让你感到满意？

失败是什么？是不是实现不了你的梦想？是不是达不到自己的目的？是不是考不上大学、恋爱不如意？

每个人的观点不一样，现在还没有绝对的定义。不过成功和失败永远没有绝对。

如果你满意这次成功，不继续努力，你的生活只有现在的状况，不能发展。

如果你已经失败了，相信只要你认真努力，就可以成功。

历史上有很多故事证明这个观点。

有一个人很伤心,因为他的森林被火烧毁了。一天,他走到街上看见一家店铺门口人们在排队购买用于烤肉和取暖的木炭。他就回家雇了几个炭工,把庄园烧焦的树木加工成木炭送到集市上的木炭分销店。他用卖木炭得来的一笔钱购买了一大批树苗,终于让自己的庄园又新绿滚滚。

你看,森林被烧是坏事,但是他把这件事变成了好事。他不但没完全失败而且还有利润。

有人一生不只失败一次而是很多次,亚伯拉罕·林肯(Abraham Lincoln)是一个例子:

22岁经营失败,23岁没考上法学院,24岁经营再失败,26岁他的爱人去世,27岁患神经衰弱,34岁竞选议员落选,37岁取得议员资格,39岁再度落选,47岁竞选副总统落选,51岁当选美国总统。

如果你遇到这些事情,你会怎么办?你是绝望放弃还是继续努力?结果取决于你的选择。你完全有能力选择自己的生活。

对我来说,这个题目非常有意义,因为我才参加了期中考试,成绩不太好。每次遇到这样的问题我常问自己,我有两条路,我应该选哪条?

一是难过、绝望、不努力学习,回国没有工作、没有将来。

二是不断努力,改变学习方法,好好学习。

我渴望成功,当然要选取第二条路。我相信我一定会成功,一定会跟同学们一起上二年级。

有人认为一件事最重要的是自己的想法,我觉得是对的。如果你遇到失败,你不要绝望,只要通过失败吸取经验教训,相信自己,不断努力,将来一定会成功。

(贾丹丹修改自中央财经大学本科一年级留学生作文)

词语表 Vocabulary

1.	失败	【动】	shībài	to fail	被对方打败,输给对方。如:他~了。

2. 梦想	【动、名】	mèngxiǎng	to dream about; dream, cherished desire	空想，妄想，梦中怀想。如：一个~。
3. 店铺	【名】	diànpù	shop, store	商店，又称铺子。如：各式各样的~、有一家~。
4. 利润	【名】	lìrùn	profit	生产、交易等的赢利。如：~很高、没有~。
5. 神经衰弱		shénjīng shuāiruò	neurasthenia	一种轻度的精神障碍性疾病，表现为失眠、烦躁易怒、注意力不集中、记忆力减退。如：患~。
6. 落选	【动】	luòxuǎn	to fail to be chosen, to lose an election	选举中被淘汰。如：在选举中~。
7. 资格	【名】	zīgé	qualification	为获得某一特殊权利而必须具备的先决条件。如：教师~。
8. 绝望	【动】	juéwàng	to be hopeless, to despair	断绝希望，毫无希望。如：感到~。

2. 命运掌握在自己手中

于丹

庄子云："独有之人，是谓至贵。"其大意是"具有这样独立特行的人，就可称之为至高无上的贵人"。庄子认为人不应该让外物困扰，要做就做一个特立独行的人。

天下无论多少条路，都靠自己走，别人永远无法替代，而命运只有靠自己把握，只有自己才是自己真正的主人。古代有这样一个笑话：一个衙门的差役，奉命解送一个犯了罪的和尚，临行前，他怕自己忘带东西，就编了个顺口溜："包袱雨伞枷，文书和尚我。"在路上，他一边走，一边念叨这两句话，总是怕在哪儿不小心把东西丢一件，回去交不了差。和尚看他有些呆，就在停下来吃饭时，用酒把他灌醉了，然后给他剃了个光头，又把自己脖子上的枷锁拿过来套在他的身上，自己溜之大吉了。差役酒醒后，总感到少了点儿什么，可包袱、雨伞、文书都在，摸摸自己脖子，枷锁也在，又摸摸自己的头，是个光头，说明和尚也没丢，可他还是觉得少了点儿啥，念着顺口溜一对，他大惊失色："我哪里去了，怎么没有我了？"

是啊，什么都没丢，却将自己弄丢了，虽为笑话，却也让人深思。亨利曾经说过："我是命运的主人，我主宰我的心灵。"做人应该做自己的主人，应该主宰自己的命运，不能把自己交给别人。有的人经不住生活中各种挫折与困难的考验，把自己交给了上帝。

做自己的主人，就不能成为金钱的奴隶，不能成为权利的俘虏，不要失去自我，在各种诱惑面前保持自己的本色，否则便会丢失自己。过于热衷追求外物者，最终可能会如愿以偿，但却会像差役一样把最重要的一样给丢了，那就是自己。

我们应该做命运的主人，不能任由命运摆布自己。像莫扎特、梵高生前都没有受到命运的公平对待，但他们没有屈服于命运，没有向命运低头，他们向命运挑战，并最终战胜了它，成了自己的主人，成了命运的主宰。

挪威大剧作家易卜生有句名言说："人的第一天职是什么？答案很简单：做自己。"是的，做人首先要做自己，首先要认清自己，把握自己的命运，实现自己的人生价值，这样，才是真正的自己。

（亓华节选自于丹《庄子心得》）

词语表 Vocabulary

1.	衙门	【名】	yámen	government office in feudal China	旧时官吏办公的地方，官署。
2.	差役	【名】	chāiyì	runner or bailiff in a government office in feudal China	旧时在衙门中当差的人。
3.	顺口溜	【名】	shùnkǒuliū	doggerel, jingle	民间流行的一种口头韵文，句子长短不齐，纯用口语，念起来很顺口。

4. 念叨	【动】	niàndao	to talk about over and over again in recollection or anticipation	因惦记或想念而在谈话中提到。如：一直~。
5. 剃头	【动】	tì tóu	to have a haircut	头发护理，常见的是修剪头发。如：~师傅。
6. 枷锁	【名】	jiāsuǒ	yoke, chains, shackles	枷和锁链。比喻所受的压迫和束缚。如：困在~中。
7. 溜之大吉		liū zhī dà jí	to sneak away	偷偷地跑掉为妙，一走了事（含诙谐意）。如：一碰到困难，他总是~。
8. 大惊失色		dà jīng shī sè	to turn pale with fright	形容十分惶恐，吓变了脸色。
9. 如愿以偿		rú yuàn yǐ cháng	to have one's wish fulfilled	指所愿望的事情实现了，所希望的事得到满足。如：他终于~。

3. 名师未必出高徒

【缅甸】王雅思

许多国家都流传着"名师出高徒"的说法。"名师出高徒"似乎成了大家公认的真理。然而我却不以为然，名师真的出得了高徒，而高徒也都出自名师吗？我认为"名师未必都出高徒"而"高徒也未必都出自名师"。

记得曾读过中国的一篇小故事。故事大意是这样的：古时，有个人以棋艺闻名天下。他同时收了两名徒弟。其中一名徒弟在老师传授棋艺时总是三心二意、心不在焉。老师在前面讲解时他却在想着别的事。最后他学习的结果大家可想而知。另外一名徒弟在老师讲解时聚精会神、专心致志。下课后还常和老师一起切磋棋艺，终于也闻名天下。

从这个故事里，我们可以看到同样向一名老师学习，而结果却不一样。为什么呢？因为两名学生对学习的态度有差别。老师的指导只是次要的，主要还在于学生自身。如果学生自身没有具备成为高徒的素质，那么即使再高明的老师也是无济于事的。

现今的许多父母，望子成龙、望女成凤。于是千方百计、大费周章地把儿女送到名校，让他们接受名师的教导。然而儿女的成绩却平平如常。是老师没好好教导这些孩子吗？不是。是这些儿女没有努力学习，结果才会这样。由此可见，"名师未必都出高徒"。

凡事都有外因和内因。外因只是事物发展、变化的条件，而内因则是事物发展的根本原因。所以名师对学生的指导固然重要，但也只能起到外因作用。内因在于学生本身具备刻苦学习的条件。只有把外因与内因结合起来才能达到预期的效果。

所以我们学习不能以"名师出高徒"的想法来一味地依靠名师。须知想成为高徒，自身应先具有成为高徒的条件。"名师未必都出高徒"，"高徒也未必都出自名师"。

（亓华修改自北师大201年级进修生作文）

词语表 Vocabulary

1.	不以为然		bù yǐ wéi rán	to disapprove of, to disagree	不认为是对的。多用来表示不同意或轻视。如：他却～。
2.	棋艺	【名】	qíyì	chess skill	象棋或围棋的本领与技巧。如：～超群、～精湛。
3.	闻名天下		wénmíng tiānxià	world-famous	在全世界都有名，形容很有名气。如：长城可真称得上～。
4.	三心二意		sān xīn èr yì	to be half-hearted, to be in two minds	又想这样又想那样，犹豫不定。常指不安心，不专一。
5.	心不在焉		xīn bú zài yān	to be absent-minded	心思不在这里。指思想不集中。如：他上课的时候总是～。
6.	聚精会神		jù jīng huì shén	to concentrate one's attention	形容精神高度集中。

7.	专心致志		zhuān xīn zhì zhì	to be completely absorbed in	把心思全放在上面。形容一心一意，聚精会神。
8.	次要	【形】	cìyào	less important, secondary	重要性较差，不起主要决定作用的。如：～问题。
9.	素质	【名】	sùzhì	quality	事物本来的性质。如：高～、身体～。
10.	高明	【形】	gāomíng	brilliant, skillful	见解独到，不同凡人，或技艺高超。如：医术～。
11.	无济于事		wú jì yú shì	unhelpful, of no avail	对事情没有什么帮助或益处。比喻不解决问题。
12.	望子成龙		wàng zǐ chéng lóng	to hope one's child will have a bright future	希望自己的子女能在学业和事业上有成就。
13.	千方百计		qiān fāng bǎi jì	in a thousand and one ways, by every possible means	想尽或用尽一切办法。如：他～地追赶敌人。
14.	大费周章		dà fèi zhōuzhāng	troublesome, painstaking	指事情复杂，办起来非常困难。如：这件事办起来真是～。
15.	固然	【副】	gùrán	no doubt, admittedly	表示承认甲事实，也不否认乙事实。如：大米白面～好，高粱玉米也不错。

四、修辞知识——比喻

比喻是一种常用的修辞手法，用跟甲事物有相似点的乙事物来描写或说明甲事物。它在形式上，具有本体、喻体和比喻词三个成分。根据这三个成分的异同和隐现，比喻可分为明喻、隐喻（暗喻）和借喻三类。

构成比喻的条件有两个：1. 本体和喻体必须是性质不同的两类事物。2. 本体和喻体之间必须有相似点。

1. 明喻

本体、喻词和喻体同时出现。常用的喻词有："像"、"好像"、"好似"、"如"、"有如"、"如同"、"仿佛"等。如："叶子（本体）出水很高，像（喻词）亭亭的舞女的裙（喻体）"。（朱自清《荷塘月色》）

2. 隐喻（暗喻）

本体、喻体同时出现，但用"是"、"成"、"成为"、"变成"等系词代替"像"一类的喻词。如："我心目中的北京，是一本书，一幅画，也是一碗酒，一杯茶。""更多的时候，乌云四合，层峦叠嶂（本体）都成了水墨山水（喻体）"。（李健吾《雨中登泰山》）

3. 借喻

本体和喻词都不出现，直接用喻体代替本体。如："我似乎打了一个寒噤；我就知道，我们之间已经隔了一层可悲的厚障壁（喻体）了，我再也说不出话。"（鲁迅《故乡》）

五、语段训练——如何写好文章的过渡

文章中的段落本身是彼此分离的，一篇好的文章是一个整体，需要有过渡把文章中的段落连起来，就像让他们手拉手一样。文章中用一定词句或段落连接上下文，就是过渡句/段。它往往出现在段落开头或末尾，起承上启下、上下连贯的作用。

我们常用的像"然而"、"但是"、"因此"、"总之"、"不过"这样的词可以起到过渡的作用，引出下面的内容。

此外，也可以用一句话、一段话来完成过渡，比如：

① 没过多久，我对他的看法就有了改变。
② 没有想到的是，甜甜蜜蜜的美梦很快就被放飞后的苦恼打破。
③ 白天的街道热闹非凡，到了晚上可就是另外一幅景象了。
④ 天下的道路条条相通，人生的道路却处处不同。

课堂练习

下面是一篇留学生的作文，请你加上一句过渡句，让上下文读起来更为连贯

当我心情不好的时候

在生活中，我们有时候高兴，有时候悲伤。我的朋友心情不好的时候，有人听音乐，有人看杂志，有人跑步，有人喝酒，有人看电影。

_____。

我心情不好的时候常写日记。写完以后我觉得心情很轻松、舒畅。然后我看书。我看到书里有很多有意思的事情。我知道还有地方在打仗，生活很艰苦，我觉得自己很幸运，有爸爸妈妈关心，有朋友帮助。心情不好的时候我最喜欢帮助别人。有一次，我帮助老婆婆扛一捆柴。虽然我很累，但是心里很愉快。我喜欢一句话——"助人为乐"。

小品相声

在中国,"小品相声"不仅是老百姓最喜闻乐见的艺术形式,也是留学生们所喜爱的中国语言艺术。为了给留学生们提供自由创想、施展才艺和大胆表现的机会,在汉语教学中也常常运用相声、小品表演等语言艺术形式。留学生们结合在中国留学生活的经历,把学过的词汇、句型和课文的内容生动有趣地串联起来,编出了许多富有哲理、思想深刻感人的作品,不但活学活用了所学的语言知识,更施展了艺术创作才华。因此,我们中级汉语写作教材也为同学们写作小品相声提供一些范例。

一、热身互动练习

阅读理解中国式的幽默笑话

1. 名字串串烧

刘德华带着张惠妹在周星池喝水,突然刮起了谢霆风(锋),从水中冲出一条吴奇龙(隆)。吴奇龙(隆)手持郑伊剑(健),骑着黄家驹,抢走了张惠妹。刘德华手持周华剑(健),踏着周杰轮(伦),翻过了赵本山,穿过了关芝林(琳),越过了潘长江,抢回了张惠妹,回到了郭富城,还在城中挂起了一面旗子,叫任贤旗(齐)。

2. 一人去算命。算命先生相面、算八字后,说:"你二十岁恋爱,二十五岁结婚,三十岁生子,一生富贵平安,家庭幸福,晚年无忧!"此人先惊后怒,道:"我今年三十五岁,博士,光棍,没有恋爱过!"先生闻言略微沉思后,说:"年轻人,知识改变命运啊!"

3. 火车上,对面一对中年男女,始终拉着手,还不停地说着甜言密语,真是让我羡慕嫉妒恨。下车后,我对老公说:"你看人家年纪那么大了,还那么甜蜜,我们才结婚几年,你就不怎么理我了,更别说拉手和我说我想听的话了,好羡慕他们呀!"老公说:"羡慕啥?你没看出他们不是一家的?"

4. 相亲时女方问:婚后住哪里?答:和奶奶、爸爸、后妈一起住。再问:有房子吗?答:有,不过是上个世纪的老房子了。又问:结婚时有宝马接送吗?答:没有,马车可不可以?答:滚,我宁愿坐宝马里哭,也不要坐马车里笑!威廉王子听了,眼泪顿时掉了下来!

(素材来自网络)

二、小品的写法

小品，又称戏剧小品，是短小的戏剧作品。在种类上可分为话剧小品、戏曲小品和电视小品等。最初是一种用来进行表演和导演基础训练的形式。后来逐渐发展成为一种舞台演出或利用电视进行转播的演出形式，成为广大观众喜闻乐见的艺术品种。

小品的特点是小，但它仍具有戏剧作品的主要因素。它应该有一个中心的事件；有矛盾冲突，而且一般来说矛盾冲突应该有开始，有发展，有高潮，有结束；同时还要有对于人物性格的刻画。由于小品的篇幅小，演出的时间一般在15分钟左右，所以要求事件比较单纯，主题明确，人物性格鲜明，语言简练、生动、幽默。小品虽然短小，但仍然可以从一个特定的角度去开掘生活中的内涵，真实、深刻地去反映和评价生活，并揭示出深刻的思想与哲理，塑造出鲜明生动的人物形象。

1 小品剧本的写作要求

1. 贴近生活，联系现实。

因为戏剧小品不是写给自己看的，而是要表演给大家的，所以要合情合理，要和生活中的事情有联系，这样才能得到观众的理解和认可。这就需要同学们在生活中多留心观察，比如，买东西的时候或吃饭的时候，在中国发生的有意思的事情，都可以成为我们戏剧小品的素材。

2. 不要太平淡，最好有"矛盾"或"包袱"。

这里的"矛盾"指的是在小品中要制造一些波折和困难，使故事吸引观众，让观众有出乎意料的感觉。例如，我们要写一个去餐馆吃饭的小品，如果只是点菜、上菜，就没有什么意思了，可如果遇到一个吝啬的朋友来吃饭——把"我"的菜都吃了，还跟"我"说不要客气——吃完接了一个电话，着急走了。这样一来，普通的事情变得不普通了，而且还能表现出生活中一些人的问题，让观众思考。再如表演送礼物，最好能把礼物意义中所含有的文化差异表现出来，由于送了不合适的礼物引起对方的误解或让女朋友生气，才会使故事曲折生动。

2 小品剧本的写作过程

1. 选择素材以及故事发生的背景。

一般多和我们留学生的生活有关，通常老师还会要求我们结合会话课文的话题来写作。例如，我们学了《讨价还价》、《好借好还，再借不难》、《礼多人不怪》、《可怜天下父母心》等十篇课文，同学们可以结合自己的留学生活体验，选取三到四个活动场景，把几个内容情景串联起来，达到活学活用的目的。

2. 确定重要的词汇和语言点，同时注意发挥想象力和创造力。

把会话口语课本上学到的知识灵活运用，这是留学生小品表演的目的，最好有目的地去实践运用一些课文中的口语词汇和句型。曾经有同学编过表现三角恋爱的《花花公子》、电视征婚的《选择》、教育子女的《女大不由娘》、回忆留学生活的《五年后的相逢》以及讽刺美容减肥热的《变变整容院》等，都非常有创意。还有的学完了介绍长城的课文，完成了一段小品，说自己刚从月亮上回来，看到了长城，非常激动。这虽然不是实际发生的故事，但是非常有意思，表演效果很好。

3. 用括号表示事情发生时周围的环境、故事发生的背景、人物的动作，或者特别要说明的事项。例如：(这时下起倾盆大雨。)

三、范文阅读

1. 远亲不如朋友

【介绍：我们组有四个人，两个女孩儿——陈昭延、姜玄亭和两个男孩儿陈泰和、金泓庆。我们是留学生，来中国学习，难免会遇到很多困难，特别是健康问题。生病的时候，没有亲人在身边，有时候感到寂寞孤单，没有人关心照顾，真的很可怜。我们要通过这个表演，让大家了解一些我们的留学生活。虽然我们的文化不同，可是我们的生活观念差不多，有很多共同点。】

第一幕　泓庆打电话

泓庆：昭延，我今天身体不舒服，上不了课，麻烦你替我向老师请个假吧。

昭延：好的，哎，昨天你不是还好好的吗？怎么突然不舒服了？感冒了吗？

泓庆：不是，昨天晚上，我跟女朋友出去玩儿，回宿舍上楼的时候不小心崴了一下脚，当时没有觉得怎么样，可夜里就开始疼起来了，今天早上一看，脚肿得跟馒头似的，可疼了。

昭延：哎呀，那么严重！昨天晚上，外面天气不好，为什么还跟女朋友出去玩儿？你得赶快到医院看看哪！我陪你去吧！

泓庆：不用了。你上午有课，怎么好麻烦你！

昭延：那你这个样子，自己也走不了哇！这样吧，我把泰和找来，他今天好像没课，让他陪你去吧。

泓庆：那就拜托你了。(泓庆自言自语：其实我不想要泰和陪我去医院，我想要我的女朋友来陪我呀！)

第二幕　泰和和玄亭来到泓庆的宿舍

泓庆：泰和、玄亭，你们怎么来了？

玄亭：听说你走不了路了，他就把我给拽来了。要不，他一个人怎么背得动你？

泓庆：哪儿有那么严重啊！哎，泰和，你知道附近哪儿有医院吗？

泰和：这就得问玄亭了。她前几天得病刚去过医院，对医院的情况比我了解。

泓庆：玄亭，你怎么了？

玄亭：两天前，我发烧了。因为外出，穿衣服很少，得了感冒。

泓庆：你去哪儿看的病？

玄亭：在学校旁边的一家医院。大夫服务热情，医院条件也很好，干脆，你们就去那儿吧。

泓庆：好，我们这就去。

泰和：你带钱了吗？得多带点儿钱。

泓庆：昨天跟女朋友出去玩儿，花了很多钱，现在没剩多少了。

玄亭：别担心，我可以先借给你，以后你还我就是了。

泰和：那马上去吧，我背你下楼！

第三幕　晚上昭延来看泓庆

昭延：现在怎么样？大夫怎么说？

泓庆：大夫说问题不大，给我上了点儿药，让我好好休息。你说，我上不了课可怎么办呢？

昭延：我可以辅导你呀。哎，这下儿你早上可以舒舒服服地睡大觉了，多美呀！

泓庆：你还羡慕我哪？！这次多亏你朋友帮忙，请替我谢谢他们。

昭延：不用谢，我们都是朋友嘛。是朋友就要"有难同当"嘛！你现在下不了地，有什么跑腿的事就跟我说，想吃什么我去帮你买。

泓庆：不用了，太麻烦你了，这些事还是让我女朋友做吧。

昭延：那好吧，这是我捎来的苹果和桔子，祝你早日恢复健康！

（亓华修改自北师大102年级进修生小品表演稿）

词语表 Vocabulary

1.	崴脚	【动】	wǎi jiǎo	to sprain one's ankle	足踝扭伤。如：把脚崴了。
2.	拜托	【动】	bàituō	to request a favour of sb.	敬辞，托人办事。如：~您带给他。
3.	拽	【动】	zhuài	to pull, to drag	用力拉。如：~住、使劲~。
4.	有难同当		yǒu nàn tóng dāng	to share sorrows or bad luck together	苦难共同分担，指患难与共。

2. 变变整容院

【介绍：表演者四个人，护士、大夫和两位客户。两位客户是为了相亲而来整容的。】

护　士：里边请，里边请，这里是"变变整容院"，矮鼻子能变高，双眼皮能变单，薄嘴唇能变厚，黑眼睛能变蓝，反正是您想怎么变就怎么变，谁做了美容手术，谁就能变漂亮。里边请，里边看……

（女顾客上）

女顾客：请问，这儿是不是"变变整容院"啊？

护　士：是是，您是来整容的吗？

女顾客：我想……我想……

护　士：小姐，您想变，咱们马上就变，"女大十八变，越变越好看"。说吧，您想怎么变？

女顾客：你看，我这眼睛……

护　士：噢！双眼皮想变单？

女顾客：不对！你没看出我的眼睛太小吗？我希望有个大大的眼睛，像……像……和那个明星一样的。（往墙上指明星照）

护　士：她？（小声音说）可没那么容易！

女顾客：你说什么呀！你这儿到底能不能做这样的手术？

护　士：可以，可以，请稍等，我陪你去见大夫，跟我来。（敲门）

大　夫：请进，请进。

护　士：她想做整容手术。

大　夫：您想做什么手术？

女顾客：我想让我的眼睛变得大一些，漂亮一些，像那个明星似的，你可以做吗？

大　夫：那还用说！等我给您做完手术，您往大街上一站，谁看见您谁都会说您像……

女顾客：像什么？

大　夫：像熊猫。

女顾客：你说什么？

大　夫：哦，我的意思是，我说不出您像谁，因为您整完容后会比任何明星都漂亮。

女顾客：这话我爱听。要知道，别人刚给我介绍了一个男朋友，我要让他一看见我就爱上我。

大　夫：（小声）还"爱上"呢，不吓跑才怪呢！来来来，里边请，里边坐，咱们说变就变。不瞒您说，今年的亚洲小姐漂亮不漂亮？她就是在这儿做的整容。

女顾客：真的？那我就在你这儿做了。我非常希望能有一双漂亮的大眼睛。试想手术后我的脸变漂亮了，很多人都羡慕我，那该多好啊！

（男顾客戴着一个大口罩上）

男顾客：大夫在吗？

护　士：在，但是现在她正跟一位顾客交谈。您有事吗？

男顾客：当然有事，我要马上见她。（他自己硬闯进去找大夫）

护　士：（护士跟在他后面）请等一下，请等一下！

（男顾客推开大夫房间的门，大声说）

男顾客：大夫，你还认识我吗？

大　夫：您……好像没见过。

男顾客：没见过？前两天我刚在你这儿做过整容。

大　夫：噢，想起来了，您在我这儿做过鼻子，怎么样？感觉不错吧？您看您这鼻子，原来又小又平，带上口罩就跟没鼻子似的。现在呢，您让这位女士看看，隔着口罩也能看出来，您那鼻子就像耸立的高山！……

男顾客：得了！别在这儿吹了！我今天也不怕丢脸了，（拉下口罩）你看看吧！

女顾客：哎呀！鼻子肿得老高，都快烂了！哎？怎么还有一股牛肉味儿？

男顾客：（对女顾客说）能没有牛肉味儿吗？她给我的鼻子里装了一块牛骨头！这哪是人的鼻子呀？简直就是奶牛的鼻子，干脆你去别的整容院吧！

女顾客：什么？牛骨头？

男顾客：你说她缺德不缺德呀？有人给我介绍了个女朋友，约好今天晚上见面，这个约会对我来说很重要。你们说，我这个样子怎么去见女朋友哇？

女顾客：怎么这么巧？我今天晚上也要去和男朋友见面。

男顾客：在北京饭店的咖啡厅吗？

女顾客：是啊！

男顾客：晚上七点半？

女顾客：没错儿！

男顾客：你，你是朴亨镇？

女顾客：你是……廖大牛？

男顾客：真没想到，我们会在这儿以这种方式见面，我现在这个样子，你……

女顾客：你别说了，我现在明白了，看一个人不能只看表面的东西，因为什么都有可能是假的。只有人的心……廖大牛，只要你能和我真心交往……

男顾客：这么说，你不讨厌我的鼻子？

女顾客：（点头）是。

男顾客：这里面可有块牛骨头。

女顾客：没关系！不管你的样子有多难看，只要你的心是善良的就好。我爱喝牛奶，爱吃牛肉，爱闻牛肉味儿。

男顾客：你真好！真没想到你会这么说，以后我一定会真心地爱你，"海枯石烂心不变"。

女顾客：行，那咱们走吧！

男顾客：等等，她把我的鼻子弄成这样儿，我得好好跟她理论理论！（对大夫）你这个整容院是谁开的？有营业执照吗？

大　夫：是我舅舅开的，有没有营业执照你得问他。

女顾客：你舅舅是干什么的？是医院的大夫吗？

大　夫：不是。

男顾客：是整容院的吗？

大　夫：也不是。

女顾客：是化装师？

大　夫：都不是，他是屠宰场的。

男顾客：什么？他是兽医？

大　夫：不，他是宰牛的。

男顾客、女顾客、护士：啊？！

（亓华修改自北师大102年级进修生小品表演稿）

词语表 Vocabulary

1.	整容	【动】	zhěng róng	to give/have a face-lift, to perform/have plastic surgery	指对面部有生理缺陷的人施以手术，使之美观。如：～医院。
2.	口罩	【名】	kǒuzhào	gauze mask	用纱布等制成的卫生用品，戴在脸上为了防止粉尘和空气污染。如：戴～。
3.	耸立	【动】	sǒnglì	to tower aloft, to rise high	高高地直立。如：群山～。
4.	海枯石烂		hǎi kū shí làn	(even if) the seas should run dry and the rocks crumble	海水干涸、石头腐烂。形容历时久远。比喻坚定的意志永远不变。如：～心不变。
5.	执照	【名】	zhízhào	license	指由主管机关发给的准许做某项事情的凭证。如：驾驶～，营业～。

| 6. | 屠宰场 | 【名】 | túzǎichǎng | slaughterhouse | 指大规模有效率地杀死家畜的地方。 |
| 7. | 兽医 | 【名】 | shòuyī | veterinarian | 专治家畜家禽疾病的医生。 |

3. 有趣的结婚礼物

【人物：商店老板、美国留学生玛丽、玛丽的韩国朋友。】

第一幕　在商店

老板：欢迎光临，您要买点儿什么？

玛丽：我的朋友刚刚结婚，我要送给她一个礼物，你能给我推荐一些吗？

老板：可以，我们有一套非常好的盘子，你看一下，这套盘子可以让六个人用，不太重，又很漂亮。

玛丽：你说得对，很好看。多少钱？

老板：1000块钱。

玛丽：那么贵！你开玩笑吧？为什么这么贵啊？

老板：这是从德国进口的名牌，质量非常好。

玛丽：便宜一点儿好吗？

老板：你说多少钱。

玛丽：100块，行吗？

老板：太低了！我知道这是你送给别人的礼物，给你优惠点儿，800行吗？

玛丽：还是很贵！对了，我又想到别的有意义的东西了！

老板：什么东西？

玛丽：你们有没有卫生纸？

老板：卫生纸！有是有，但是这有什么意义呢？真奇怪。

玛丽：其实我的朋友是韩国人，他们经常送这样的礼物，因为在韩语里"展开"和"顺利"的发音差不多。

老板：还是挺奇怪的！不过卫生纸太一般了，这毕竟是个结婚礼物啊，你应该送好点儿的东西，你再想想吧！

玛丽：那你有没有洗衣粉？

老板：洗衣粉？又是一件奇怪的礼物。

玛丽：这个也是有意义的，洗衣粉即使用一点儿也可以起很多泡沫，所以可以意味着她的生活越来越富裕。

老板：很有意思！但是都太一般了。我有个好主意，我有一套可以起泡沫的东西，包括洗衣粉、牙膏、香皂、洗发水。

玛丽：太好了，让我们看一下吧。

老板：就是这个。

玛丽：多少钱？

老板：500块！

玛丽：给我优惠点儿吧！

老板：最低400！

玛丽：别骗我们了！这些东西都很普通，100块吧。

老板：不行，两百吧。

玛丽：那我可以自己去商店买这些东西。

老板：过来，过来！一百五！怎么样？

玛丽：好的。一百五就一百五。谢谢你，再见。（看表）哎呀！迟到了，应该快点走！

第二幕　在朋友的家

朋友：你好你好，请进！好久不见了！

玛丽：好久不见！不好意思，我没能参加你的婚礼！

朋友：没关系，我知道你很忙。

玛丽：婚礼怎么样？

朋友：很好，我们收到了很多祝福，最近过得也很顺利，我跟我的丈夫很幸福。

玛丽：啊！你的丈夫？我还不认识他呢，他在家吗？

朋友：不在，他还没下课呢。

玛丽：啊，他是老师吗？

朋友：不是，他是学生。

玛丽：那么他是研究生吗？

朋友：不是，本科生。

玛丽：哎呀！他多大了？

朋友：今年21岁。

玛丽：21岁！可你三十多岁了，是吧？

朋友：没错，你记得很清楚，不好意思，你要看我们的照片吗？

玛丽：当然啦！

朋友：给你。

玛丽：你丈夫是个绣花枕头吧？

朋友：谢谢你！你的意思是"他是帅哥"吧？

玛丽：差不多……你们不怕舆论的批评指责，对吗？

朋友：每个人的是非价值观念不同，特别是结婚这件事，我不在乎别人的看法。

玛丽：你们是怎么认识的？

朋友：他是我弟弟的朋友，我们从小就认识。

玛丽：你弟弟支持你们吗？

朋友：他原来反对，但是他逐渐发觉我们的关系非常牢固，所以结婚的时候他也给了我们很大帮助。

玛丽：哎呀！光顾说话，都忘了给你礼物了！这是我送给你们的礼物。

朋友：咳，这叫我多不好意思啊。

玛丽：别客气，快打开吧。

朋友：（打开）啊！洗衣粉？还有……牙膏？（笑）这都是什么东西啊？

玛丽：你不知道吗？我以为每个韩国人都知道这些礼物的意义呢。

朋友：谁说的？

玛丽：这是我的韩国同学告诉我的。不好意思，那我再给你另选一件礼物吧。

朋友：我跟你开玩笑的，我当然喜欢了，谢谢你，这是非常好的礼物。（看手表）四点半了！他该下课了，我们一起出去吃饭吧。

玛丽：好的，走吧。

（元华修改自北师大102年级进修生小品表演稿，以上三篇皆收入《102年级留学生会话小品集》）

词语表 Vocabulary

1.	光临	【动】	guānglín	to grace an occasion with one's presence, to patronize a place	敬词。称宾客的来到。如：欢迎~、敬请~。
2.	名牌	【名】	míngpái	famous brand	出名的牌子。如：~商品。
3.	优惠	【形】	yōuhuì	preferential, favourable	较一般优厚。如：~条件、~贷款。
4.	卫生纸	【名】	wèishēngzhǐ	toilet paper	手纸，主要供人们日常生活卫生之用。如：一卷~。
5.	洗衣粉	【名】	xǐyīfěn	washing powder	洗涤用品，用化学合成方法制成粉粒状，用于洗涤衣服、织物等。如：一袋~。
6.	泡沫	【名】	pàomò	foam, bubble	聚在一起的许多小泡。如：大量~、~丰富。
7.	骗	【动】	piàn	to lie, to deceive	欺蒙，诈取，用谎言或诡计使人上当。如：~人、~子。
8.	婚礼	【名】	hūnlǐ	wedding	结婚仪式。如：举行~。
9.	绣花枕头		xiùhuā zhěntou	person impressive in appearance but disappointing in substance	比喻徒有外表而无学识才能的人。
10.	舆论	【名】	yúlùn	public opinion	公众的意见或言论。如：~导向、~压力。
11.	牢固	【形】	láogù	firm, solid	坚固，结实。如：非常~、基础~。
12.	牙膏	【名】	yágāo	toothpaste	供刷牙之用的膏状物，有洁齿作用。

四、相声的写法

　　相声，是中国曲艺艺术中影响最大、最受观众喜爱的一种艺术形式。最初流行于北京和天津地区，以后逐渐遍布大江南北，成为具有广泛群众基础的语言艺术。相声又是中国曲艺中最具喜剧特征和幽默品格的一种。作为通过逗乐来完成艺术审美的曲艺形式，相声的特点是寓庄于谐，即运用轻松诙谐的形式表现严肃的主题。它的特殊表现手段"包袱"，是根据促使人们发笑的心理作用和艺术手法而组织起来的笑料。它是经过反复铺垫后，突然地展现出来的。通常要求笑料能于偶然中显示必然，让观众既感到是意料之外，笑过细想又觉得全在情理之中。因而，欲擒故纵、声东击西、误会巧合、谐声双关等思维智慧与修辞技巧在相声艺术中常被使用。由于相声通过笑料来启迪观众，表达思想与爱憎，因而在幽默之外，讽刺是相声的主要艺术功能，既可以揭露鞭挞腐朽的事物，也可以讽刺落后现象，亦能歌颂真善美。

　　相声的表演形式有单口、对口、群口三种。表演对口相声时，甲是逗哏，乙是捧哏。逗哏主要叙述故事的发生发展，摹拟各种人物，发表褒贬评论；捧哏对逗哏的叙述，不断提出疑问，展开辩论，或加以发挥补充，以增加喜剧气氛，使听众发出笑声。

　　一段相声至少得有四五个"包袱"，否则容易一温到底，影响演出效果。"包袱"必须风趣而不粗俗，幽默而不油滑，出人意料之外，又在情理之中，脱颖而出，给人以美的享受。组成"包袱"的手法很多，最主要的有重复、否定、反常、错觉、双关、夸张、打岔、曲解、谐音、争辩等十种。

（改编自网络资料）

范文一　"8"和"发"

男：首先我让我的师妹给大家做一个自我介绍。

女：……（说了一通法语）

男：你发现了没有，人家没鼓掌，你怎么能讲法语呢？你应该用汉语介绍自己。

女：哦，说汉语啊，没问题。

男：对。

女：好的，在座的各位哥哥、姐姐、老少爷们，我在这里给大家请安了。

（掌声）

男：看来我师妹中国礼节学得还真不错。

女：哪里哪里。都是跟我师哥学的。

男：现在你可以说简直是个中国通了。

女：我这么一点儿水平，其实还有很多问题不明白。

男：有问题？有什么问题，你赶紧说，我帮你解答。

女：真的吗？

男：真的。

女：那你有没有发现中国人特别喜欢用"8"这个数字，我说的是阿拉伯数字"8"，你看，不管是手机号码还是车牌号码，大家都在用这个数字。为什么？

男：就这个问题啊，不瞒您说，我还真研究过。

女：是吗？

男：这个"8"字啊，在中国文化当中非常具有代表性。就是那个"8"字啊，不管和哪个数字放在一起都是好词。

女：是吗？

男：是。

女：那我把那个"1"和"8"连在一块儿，这有什么好的？

男："1"和"8"啊，中国人说1234，也说（yao）234，那么"1（yao）8"就是"要发"。

女：哦，"要发了"，我明白了。那"28"呢？

男：对，"2"就是"儿子"。

女：儿子？

男："2"和"儿"谐音嘛，儿子都发了，那他老子能不发吗？

女：哦，我明白这意思了。那"38"呢？这不好了吧？

男：是，"38"在港澳台地区是骂人的话。

女：臭三八。

男：不过，到中国大陆就变好了。"3"和"山"谐音啊，所以就是像大山一样的发。

女：哦，像大山一样的发，好啊，一个"38"也没问题了。那么"48"呢？

男：死发啊。

女：哦，死了才发。

男：不是，是"往死里发"。

女：哦，"往死里发"，这样好一点儿了。那么"58"呢？

男："我发呀！"

女：哦，你发啊。不错。"68"呢？

男："6"代表顺利，就是又顺利又发。

女：好的，"78"呢？

男："妻子发啊"，"7"就是"妻"，妻子，老婆，常言说得好：两口子不分家，你发了，你那位不也发了吗？

女：都发了，太圆满了。"88"呢？

男：连续发。

同时：发发发发发发！

女：好好好，"98"呢？

男："98"是"就发"，马上"就发"。

女：马上就发，你马上就发。

男：对。

女：观众朋友们，我们马上就要发。发啊，发啊，对了，到底要发的是什么？

男：当然是要发家、发福、发财、发？发……反正带"发"字的都是好词儿。

女：那可不一定啊。带"发"字的事物很多，这要看你碰上了什么。

男：你说什么，我"发"什么。

女：那可不一定是吉利的。告诉你，我有一大堆词，你听了可高兴不起来了。

男：不可能的，只要有"发"字，我就高兴。

女：好，那比如说，你真的发啦！

男：哦，那好啊。

女：但你发的不是财。

男：那我发的是什么？

女：你发烧！又发困了。

男：我干嘛发烧啊？

女：你是发愁发的。发愁的是自己发不了财啊。你小钱不愿意去挣，大钱你也挣不着。越发愁越想不开，越想不开越发愁发闷，坐在那儿两眼直直地发呆发愣。（做样子）你的女朋友劝你啊，你就冲她发火，发脾气，发怒，发恨！"滚，滚一边儿去。"

男：我要发疯了啊。

女：反正睡一觉以后，头脑发晕，脑门子发胀，眼瞅着你就要发病啦。

男：我发什么病啦？

女：急火攻心就发了高烧了。嗓子发炎，一个劲儿喘，你的女朋友扶着你，赶紧躺下，然后给你盖上8床厚被，"啪！"

男：盖那么多被干嘛呀？

女：发汗嘛。

男：我出点儿汗就好啦？

女：过一会儿你的汗就发出来啦。

男：好啦！

女：但是你觉得这屋里发酸，呦！发臭了啊！你的女朋友走过来一看，"哦，坏啦！"

男：怎么啦？

女：你发酵啦！

男：你看，我还起化学反应了啊！

女：不是这个意思，你是发哮喘啦。

男：我怎么那么倒霉啊！

女：你不是喜欢发吗？

男：对啊。

女：可我那些话都带"发"字，句句没有离开"发"啊，是不是？

男：发字有很多很好的内容，很好的词儿啊，你怎么光说些倒霉的词呢。

女：那你说什么好内容好词儿给我听听。

男：嘿嘿，比方说我要发狠，我发誓要发扬我的长处，要发挥我的潜力，我要搞发明创造，我要发展我的事业，我要发现新的契机，我要发家、发福、发财，我要在人前发威，发号施令！我要发布我的长处。

女：你是真的想发吧？

男：对。

女：有过这种事儿吗？

男：我可以努力去争取嘛。

女：反正跟"发"字有关的让你很光彩的那一面，我好像从来没有看见过。

男：（无语）

女：我看见过的你，全都是这样的……

男：哪样的啊？

女：这样的，就打前几天我去你宿舍的时候，当时，你门都没关，我一去就发现了。

男：发现了什么？

女：你头没梳，脸没洗，鼻子发酸，眼睛发红，眼圈发黑，脸色发青，嘴唇发白，嗓子也发干，脑袋发晕，两臂发麻，两手发抖，一会儿发冷，一会儿发热，有时发怒，有时发笑，身子哆哆嗦嗦，两腿发颤啦！

男：我怎么啦？

女：发神经病啦！

（选自CCTV3"流金岁月"）

词语表 Vocabulary

1.	鼓掌	【动】	gǔ zhǎng	to clap one's hands, to applaud	拍巴掌，表示高兴、赞成或欢迎。如：热烈～、～欢迎。
2.	请安	【动】	qǐng ān	to pay respects to sb. (usu. an elder)	旧时的一种问候礼节。即问好，用于卑幼对尊长的问候。如：向长辈～。
3.	中国通	【名】	zhōngguótōng	expert on China	指熟悉中国情况、能说一口流利汉语的外国人。
4.	谐音	【动】	xiéyīn	to be homophonous, to have similar pronunciations	字词的音相同或相近。如：～会意。

5.	圆满	【形】	yuánmǎn	satisfactory, perfect	十分完满，没有欠缺。如：~结束、~成功。
6.	吉利	【形】	jílì	auspicious	指事情顺利，合乎心意，吉祥如意。如：~事。
7.	发烧	【动】	fā shāo	to run a fever	发热，体温增高。如：~头疼。
8.	发闷	【动】	fāmèn	to be in low spirits	感到烦闷，心情不舒畅。如：感觉~、心里~。
9.	发愣	【动】	fā lèng	to stare vacantly into space	发呆，愣神儿。如：一个人~。
10.	发脾气		fā píqi	to lose one's temper	失去控制而发火，表现为大喊大叫，哭闹不止，就地打滚等。如：爱~、对某人~。
11.	发疯	【动】	fā fēng	to become insane	因患精神病而失去常态，也比喻做事反常。
12.	发酵	【动】	fājiào	to ferment, to leaven	指微生物分解有机物质的过程。比喻事物受外力影响发生某种发展变化。
13.	哮喘	【动】	xiàochuǎn	to have asthma	气喘，喘息时喉咙带鸣声。
14.	契机	【名】	qìjī	turning point, opportunity	重要的环节，机会。如：人生的重要~。
15.	哆哆嗦嗦		duōduōsuosuo	to tremble	形容因受外界刺激而身体不由自主的颤动，牙齿上下打架也为哆嗦的表现。如：他~向前走。
16.	神经病	【名】	shénjīngbìng	mental disorder	神经有点儿不正常，用于开玩笑或者骂人。

范文二　我要幸福！

甲：我想先给大家介绍介绍。主要介绍你。

乙：好啊！

甲：相声演员李菁。

乙：是我。

甲：我很喜欢你。

乙：你喜欢我管什么呀。（笑）

甲：您让各位看看，这小伙子，长得多精神。

乙：这倒是。

甲：您看这大眼珠子，跟丸子一样；（笑）您看这耳朵儿跟饺子一样；头发跟粉丝似的；胡子跟海带似的。（笑）

乙：我有胡子吗？

甲：我这不夸你长得漂亮嘛！

乙：我长着一个"乱炖"的脑袋，还漂亮呢！（笑）

甲：说实在的啊，我很羡慕你。

乙：你羡慕我什么呀？

甲：你比我幸福。

乙：怎么呢？

甲：你有房子，你有车，我什么时候能像您一样幸福呢？

乙：啊，想要幸福啊，你得创业呀。

甲：太对了，我得创业。要想创业，必须得有个好身体。

乙：这话对。

甲：我的身体就不错。是吧！我没有其他的嗜好，不会玩儿牌，不会喝酒。

乙：多好啊！

甲：我就是烟特别勤。

乙：哎，这你得注意。

甲：注意了。那天看电视，有个健康节目，说吸烟有害健康，容易猝死。可把我吓坏了。打那天起，我一咬牙、一跺脚，……

乙：不抽烟了？！

甲：不看那节目了。（笑）

乙：把节目戒了！

甲：啊！为了我的健康，为了我的幸福，值！

乙：值什么呀？

甲：我就怕别人瞧不起我。

乙：哦，这还是个要脸儿的人。

甲：我们家楼下有个加油站，

乙：知道啊，我经常上那儿加油去。不白加，每天送报纸。这不那天，还送我张地图呢。

甲：送地图那天我也去了。为了我的小摩托。

乙：给摩托加油。

甲：加十块钱油，油箱不大，咚咚、咚咚，一会儿加完了。我说："哪有地图？哪有地图？"

乙：人家说什么呀？

甲：你要那玩意儿干吗呀？就您这玩意儿能上哪儿去啊？

乙：这话是不好听。

甲：有你这么说话的吗？你给我一张怎么了。快点儿，给我一张，给我一张啊！

甲：给你一张？你要上哪儿呀？！上哪儿说话，我骑车带你去。（笑）

乙：啊？这小伙子说话够损的。

甲：你听听，这不是明显地欺负咱们吗？！

乙：咳，欺负你，没我什么事儿。我得说你一句了。你不把心态摆正喽，一辈子也得不到幸福。

甲：噢，我一辈子也得不到幸福。就许你幸福，就许你幸福，凭什么呀？！你幸福我也幸福。我不能比你次！你跟我说实话，你们家新买一台电视，对不对？

乙：对，等离子大电视。

甲：凭什么你们家幸福？凭什么你们家有？凭什么呀？！（甲往乙脸上吐唾沫星儿）

乙：嗬！

甲：你有我也得有。

乙：噢，你也买一个？

甲：还用买？！我二舅给我攒了一个。

乙：那能看吗？

甲：倍儿清楚，大电视跟一面墙似的，牌子好啊！

乙：什么牌子呀？

甲：诺基亚。（笑）

乙：诺基亚出电视吗？

甲：看了没有十分钟不出人了，出声儿了："您收看的电视不在服务区。"

乙：这还是手机。

甲：没把我气死，三百块钱白花了。

乙：三百块钱攒的呀？

甲：打那天起不看电视了。

乙：是，想看你也看不着呀。

甲：我看演出。

乙：噢，看真人啦。

甲：外国来的。

乙：什么呀？

甲：踢踏舞。

乙：多前卫呀！（甲表演踢踏舞）得得、行行，您就别学了。

甲：我就喜欢这个。

乙：是啊。

甲：那天我买票，坐头一排，正看着呢，由打台上飞下一只鞋来。

乙：这个，谁也保不齐甩下一只来。

甲：我多机灵呀。"噌"我就捡起来了。这叫舞台事故。第二天我又去了。

乙：你好这个。

甲：我凑那只！

乙：咳，捡鞋去了！

甲：我也琢磨了，我捡一只鞋恐怕得不到什么幸福。

乙：你捡一筐鞋也没用啊！（笑）

乙：我还得说你几句，你不能把眼光就盯在一只鞋上，什么豪华场所、高级饭店你也进去瞧瞧呀。

甲：你怎么知道我没去？经常去。前些天我还去了呢。高级大饭店我推门就进，菜单拿过来，唰、唰、唰正翻着呢，服务员过来了："先生，您要什么？""我什么也不要，炒饭。"

乙：噢，要炒饭。

甲：炒饭，这个鱼翅炒饭，80元一盘。

乙：真不便宜。

甲：咱也消费消费。一会儿工夫，端上来了。我先找鱼翅。

乙：那是好东西。

甲：拿筷子找鱼翅，找了十分钟，愣没找到鱼翅。我这火"腾"地一下上来了。"服务员，过来，把你们厨师给我找来。"一会儿厨子过来了，一大胖子，"干吗呀？""干吗？！我问问你，我花了80块钱，买一盘炒饭，我找了十分钟，愣没找到鱼翅，您能告诉我鱼翅在哪儿吗？"

乙：这厨师说什么呢？

甲：我叫鱼翅！！

乙：啊？（笑）这么个"鱼翅炒饭"呀！

甲：我见到您太高兴了！

乙：多没羞没臊啊！

甲：您忙您的，您忙您的。他走了，我哪儿吃得下去呀！我是个要脸的人。

乙：你别总说这句了。

甲：我一生气，我奔厕所了。

乙：干吗去了？

甲：用凉水冲了冲脸。

乙：你是得清醒清醒。

甲：我面对着大镜子，何云伟，你是个很了不起的人，我相信你的实力，通过你的努力，你会成功的。你会成为一位很幸福的人。我支持你。我谢谢你！

乙：给自己打气儿呢。

甲：我一转身心情平静了许多，我一抬头，由打对过洗手间走出一男的。（笑）

乙：你在女厕所待半天呢！

甲：太危险了！

乙：可不危险嘛！

甲：我撒腿就跑啊！后面一大帮人追我。她们还打我呢！

乙：打死你也不多！

甲：我含着眼泪对她们说："我要幸福！"

（亓华转写自2006年1月全国相声大赛获奖作品，有删节）

词语表 Vocabulary

1.	海带	【名】	hǎidài	kelp	别名昆布、江白菜。褐藻的一种，生长在海底的岩石上，形状像带子，含有大量的碘质，可用来提制碘、钾等。如：～汤。
2.	胡子	【名】	húzi	beard, moustache	嘴周围和连着鬓角长的毛。如：大～、满脸～。
3.	乱炖	【名】	luàndùn	stew of meat and various vegetables together	东北地区比较普遍的家常炖菜之一，将豆角、猪肉、土豆、西红柿、茄子依次入锅，先炒后炖。
4.	创业	【动】	chuàngyè	to start an enterprise	创业者对自己拥有的资源或通过努力能够拥有的资源进行优化整合，从而创造出更大的经济或社会价值的过程。如：大学生～。
5.	嗜好	【名】	shìhào	hobby, addiction	喜好，特殊的爱好。如：不良～。
6.	猝死	【动】	cùsǐ	to die suddenly	急性症状发生后即刻或者在24小时内发生的意外死亡。
7.	跺脚	【动】	duòjiǎo	to stamp one's foot	脚用力踏地，表示着急、生气、悔恨等情绪。
8.	瞧不起	【动】	qiáobuqǐ	to look down upon	贬低，看不上。如：～人。
9.	摩托	【名】	mótuō	motorbike	装有内燃发动机的两轮车或三轮车。如：～车，骑～。

10.	损	【动】	sǔn	to satirize	用刻薄的话挖苦人。如：~人。
11.	欺负	【动】	qīfu	to bully	用傲慢的态度或不讲道理的手法吓唬或难为对方。如：~人。
12.	唾沫	【名】	tuòmo	saliva	唾液、口水。如：吐~。
13.	攒	【动】	cuán	to gather together, to assemble	聚在一起，拼凑。如：自己~的电脑。
14.	诺基亚	【专名】	Nuòjīyà	Nokia	芬兰一家主要从事生产移动通信产品的跨国公司的品牌，是全球第三大手机生产商。
15.	踢踏舞	【名】	tītàwǔ	tap dance	主要流行于西方的一种舞蹈，以鞋底击地及各种节奏的脚的动作为其特点。
16.	噌	【拟声】	cēng	sound describing friction or a quick action	形容短促磨擦或快速行动的声音。如：~的一声，火柴划着了。
17.	鱼翅	【名】	yúchì	shark's fin	一种名贵海味。由加工鲨鱼的鳍而得到的软骨条。
18.	没羞没臊		méi xiū méi sào	to have no sense of shame	意思是说某人不懂羞耻、不懂害臊。
19.	打气儿	【动】	dǎ qìr	to boost the morale, to encourage	原意是指给轮胎或一些球类注入或补充空气，这里指为别人加油、鼓劲，对别人的行为进行支持。
20.	危险	【名、形】	wēixiǎn	danger; dangerous	不安全。如：有~、很~。

五、三句半的写法

三句半是一种中国民间传统曲艺表演形式，经常在各种晚会上表演。因为它简单有趣，特别适合我们留学生在新年晚会等各种场合表演。

三句半可以有若干段，每段内容有三句长句和一句半句，所以叫"三句半"。一般是由四个人表演，前三人说三句长句，最后一人只说简短的，一般为两个字的半句，也有一个字的，但不会超过三个字。最后一句往往给人惊喜，或者是突然的转折，或者是幽默的结束，是一段中最重要的部分，也是这一段表演的笑点。我们前面所说的包袱，也可以用在三句半这种表演形式中，最后一句揭开包袱的谜底，引得观众发笑。

例如前几句说某个东西很好吃，或者某个地方很好玩儿，最后一句是"没钱"，通过前后内容的对比，给观众带来笑料。

三句半本身有一些音韵的要求，但对于我们留学生来说，这是比较难实现的，因此我们在准备这样的节目时，可以适当放宽要求，不必苛求规则。

范文一 拜年（三句半开头）

我们四人走上台，欢乐锣鼓敲起来，咱们说点儿什么呢？——拜拜！

（前三人齐说）：还没演呢，怎么就拜拜了？

（第四人）：嘿嘿，重来。

领导同事大家好，兔年马上要来到，我们先来拜个年——（合）新年好！

今天说段三句半，说得不好多包涵。不管表演好不好——不许跑！

我们几个话挺多，大家不要嫌啰唆，希望能够捧捧场——鼓掌！

……

（选自新浪网）

范文二 我爱普北班

我们四人台上站，一起说段三句半，大家可得捧捧场，（敲声锣）鼓——掌！

今晚来开联欢会，漂亮妹妹排成队，小伙心里滋滋美，（敲锣）对不对——？

暑假来上普北班，生活安排不一般，什么时候最困难，（敲锣）七点半！

早晨起床把课上，课堂气氛真叫棒，你的感觉怎么样？（敲锣）爽——！

早上早起来预习，晚上熬夜去答疑，空调坏了怎么办，（敲锣）找阿姨！

大班老师说得快，小班老师讨论开，说得不好怎么办，（敲锣）再来——！

起早贪黑真叫累，下午还要继续吹，迷迷糊糊去谈话，（敲锣）瞇——睡！

我们老师伟大正确，课文生动让人喜悦，八周以后有啥改变，（敲锣）飞跃！

课文话题方方面面，麦当劳到毛泽东的童年，周末相亲在哪聊天，（敲锣）小公园。

谷歌威胁网络安全，孔乙己爱穿长衫，饮食男女靠啥发展，（敲锣）吃饭！

食堂吃饭最难熬，座位总也找不着，早餐终于轮到我，（敲锣）饭少！

五年级是个和尚班，12个学生10个男，想谈恋爱怎么办，（敲锣）向外看！

谈恋爱遇到小问题，不能说英语真着急，周老师有个好办法，（敲锣）靠身体（身体语言）！

周末阳光真灿烂，颐和园里去上船（音"床"），银山塔林最难忘，（敲锣）裸男！

普北班生活白驹过隙，师生情谊记在心里，学好汉语天下无敌，（敲锣）有出息！

精彩的节目下面有，相声小品和歌舞，保证你们看不够，（敲锣）咱们走！

（北师大2010年暑期班五年级师生集体创作）